AF618821

PREMIERE CENTURIE
DE PLANCHES
ENLUMINÉES ET NON ENLUMINÉES
Representant au Naturel
Ce qui se trouve
de plus Interessant et de plus Curieux
parmi
LES ANIMAUX, LES VEGETAUX
ET LES MINERAUX.
Pour servir d'intelligence
à l'Histoire Generale
des trois Regnes de la Nature.

Par M.r Buc'hoz Medecin Botaniste de Monsieur
Et Auteur des Dictionaires des trois Regnes de la France.

Decade 1
REGNE ANIMAL.

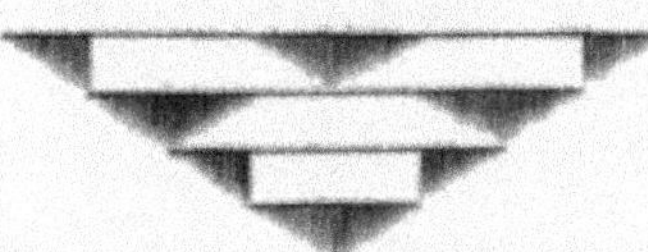

A PARIS.
Chez Lacombe Libraire rue Christine.
Et chez l'Auteur rue Hautefeuille.
AVEC PRIVILEGE.

M.lle Niquet, Scrip.

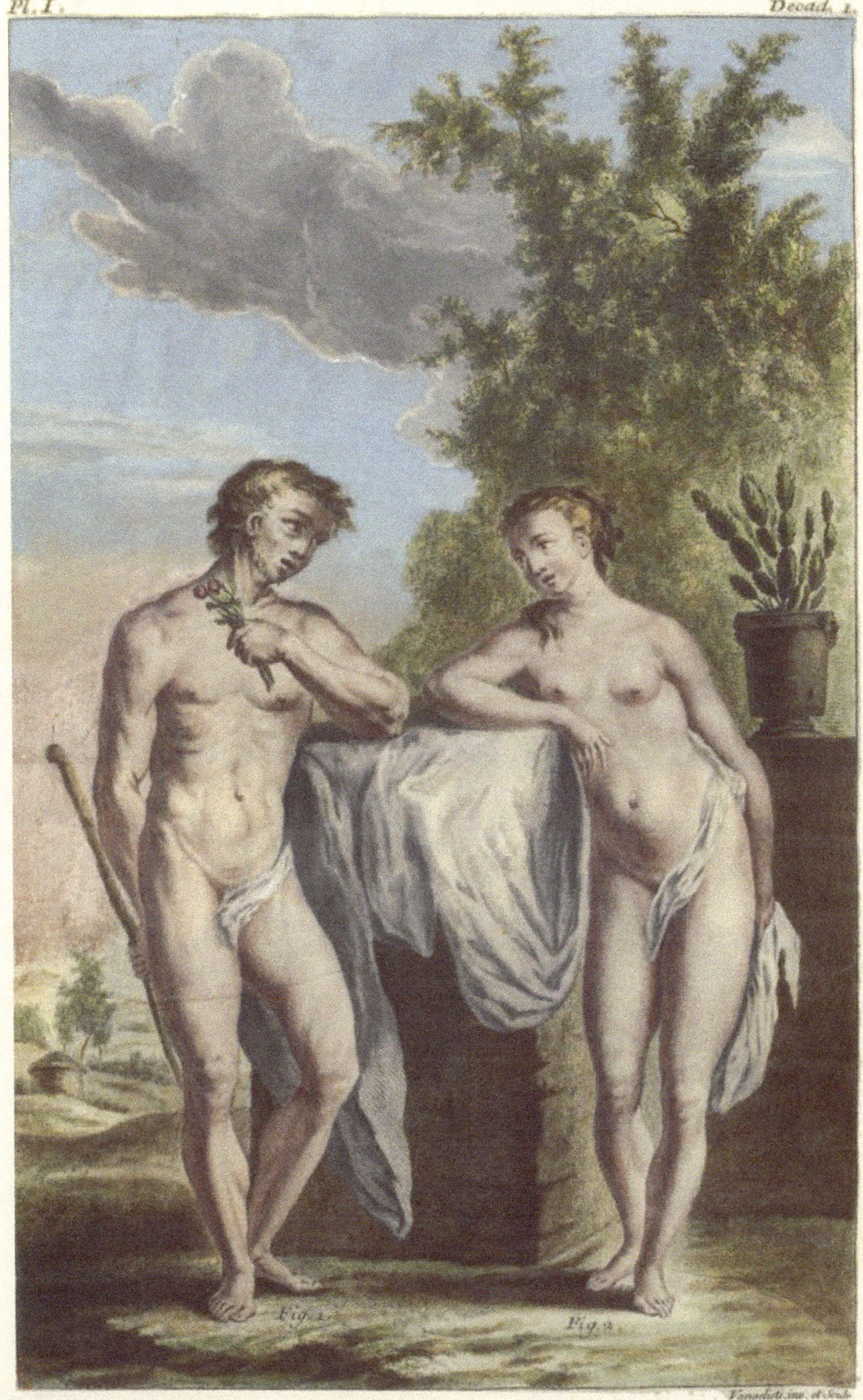
Fig. 1
Fig. 2

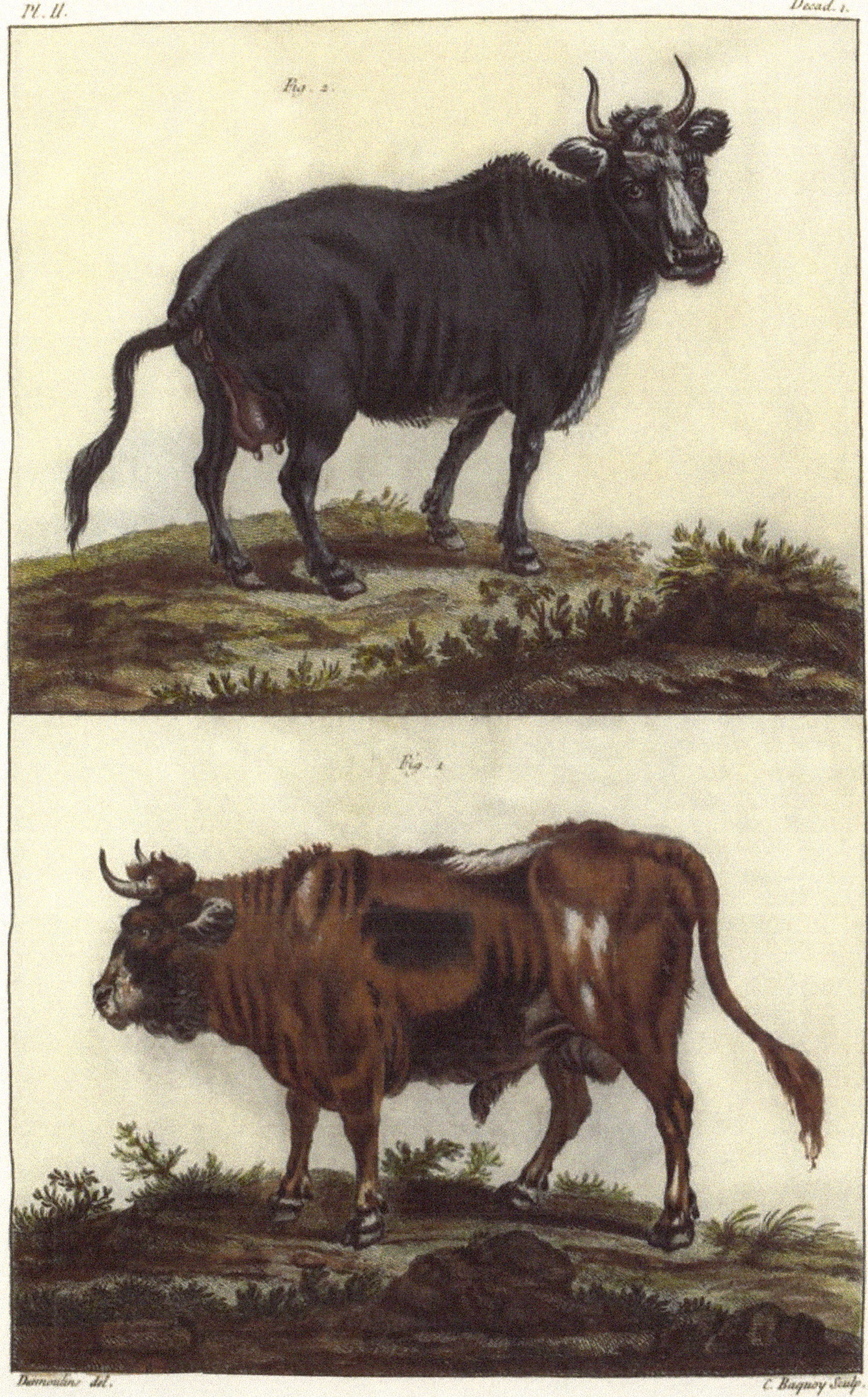

Desmoulins del. C. Baquoy Sculp.

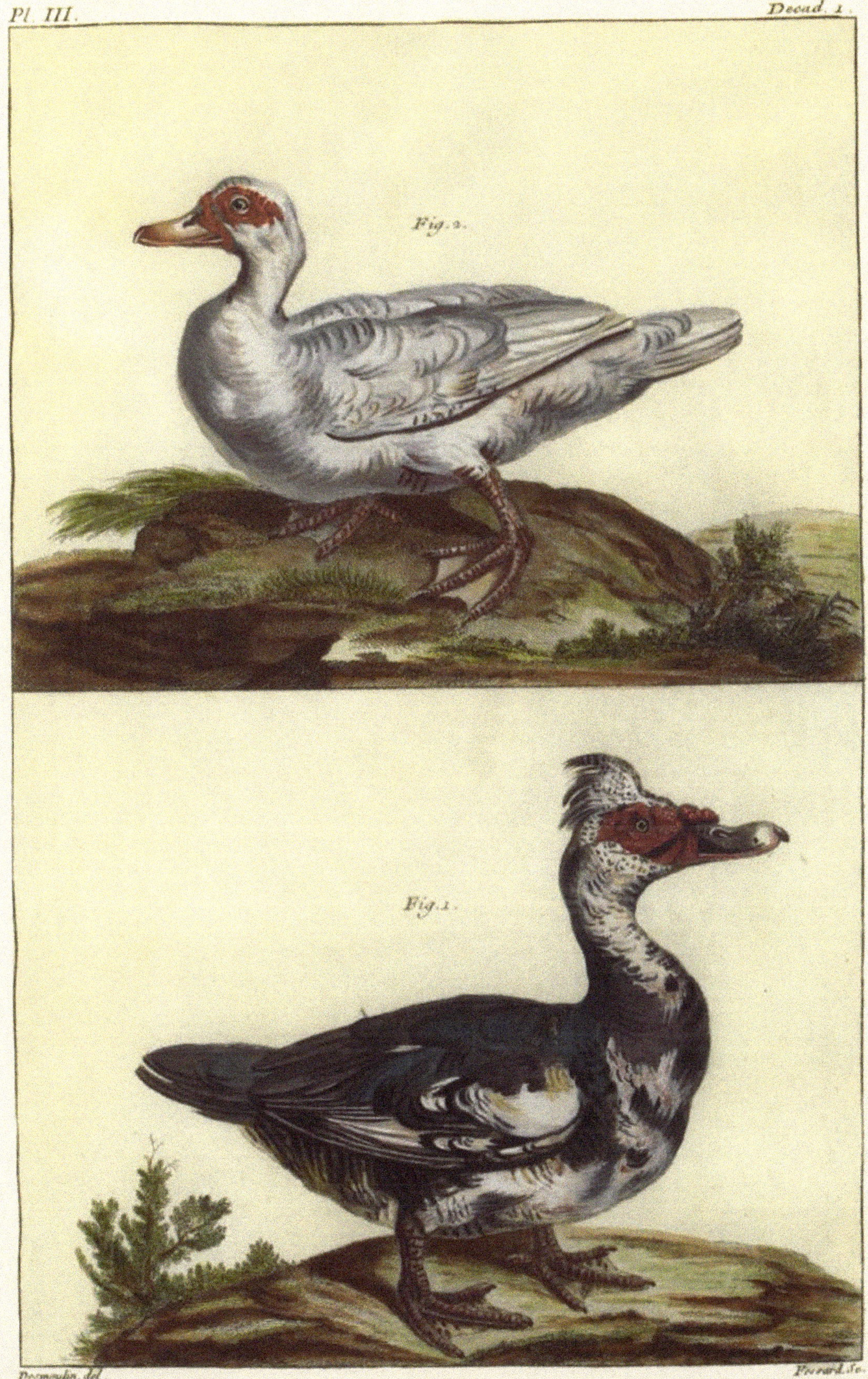

Desmoulin, del. Fessard Sc.

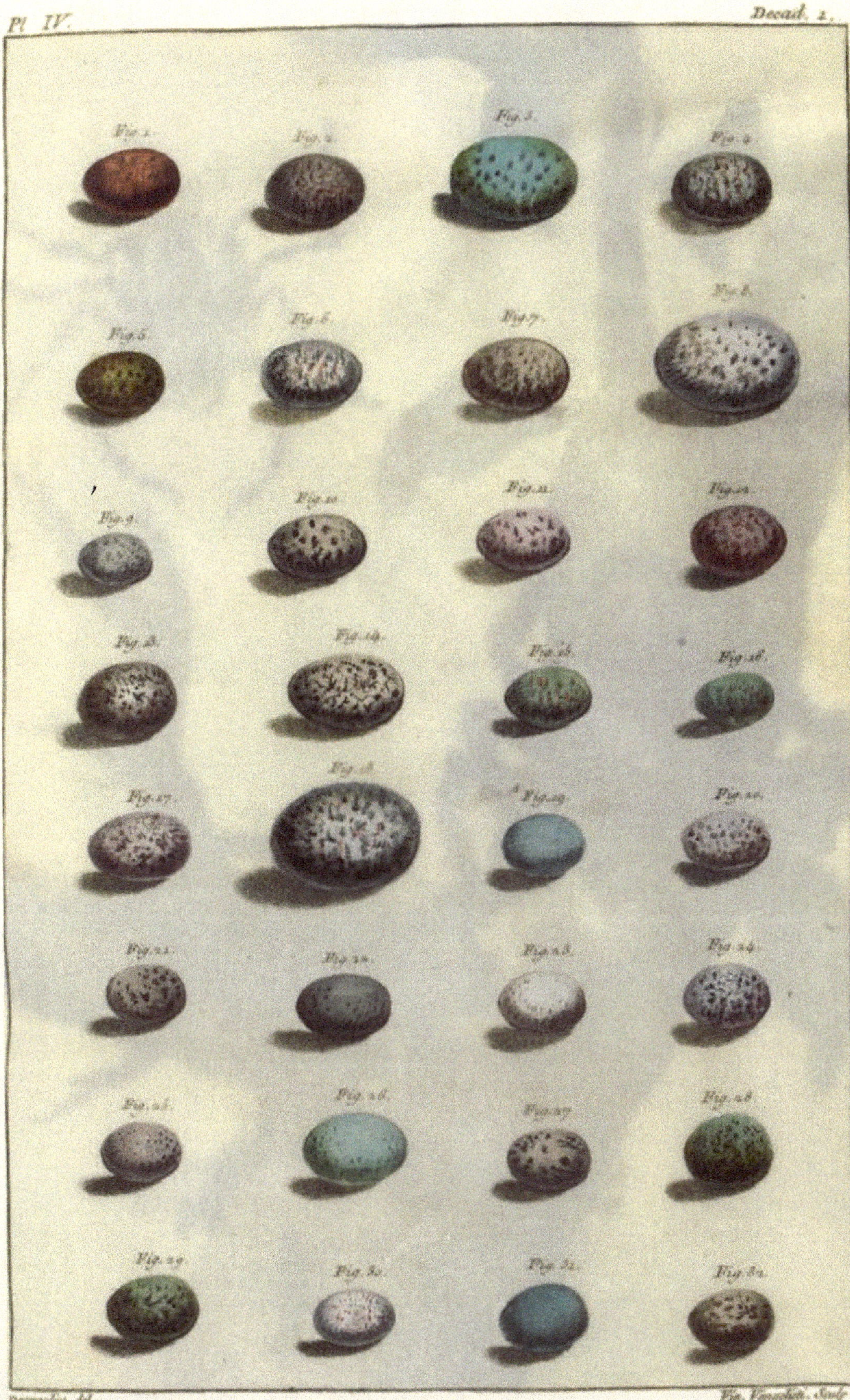

Desmoulins. del. Vin. Vangelisti. Sculp

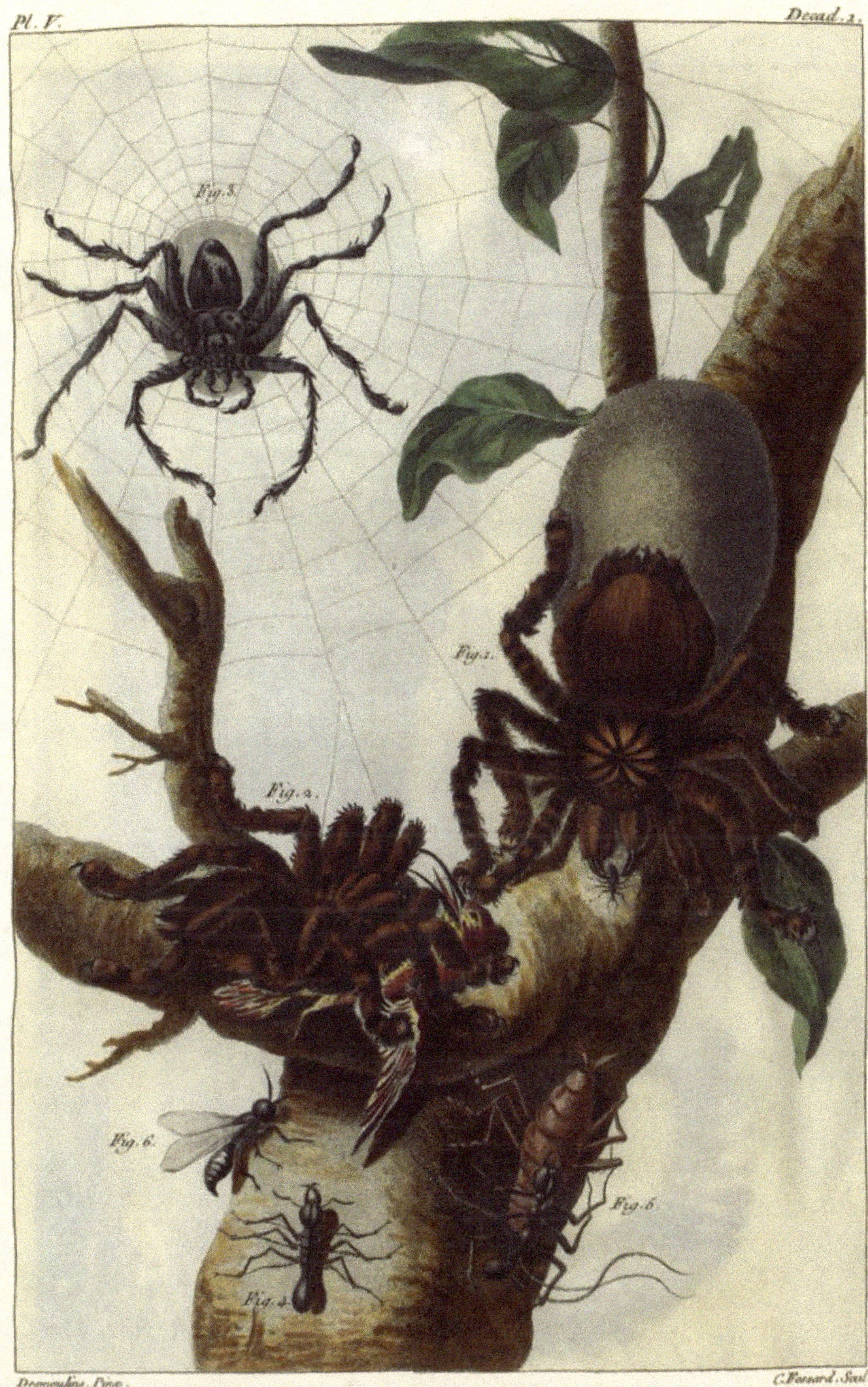

Desmoulins, Pinx. C. Fossard, Sculp.

Pl. VI. Decad. 1.

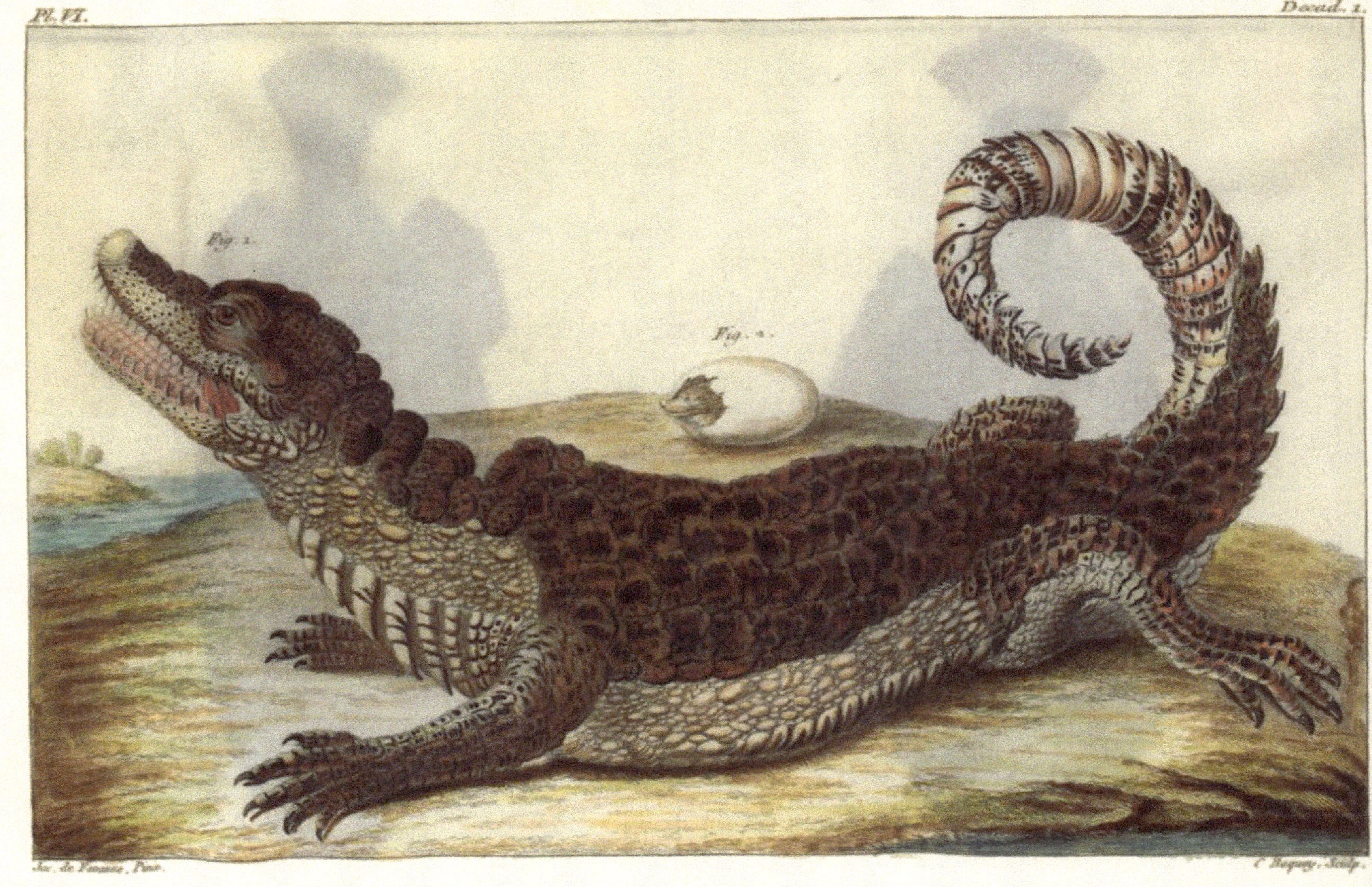

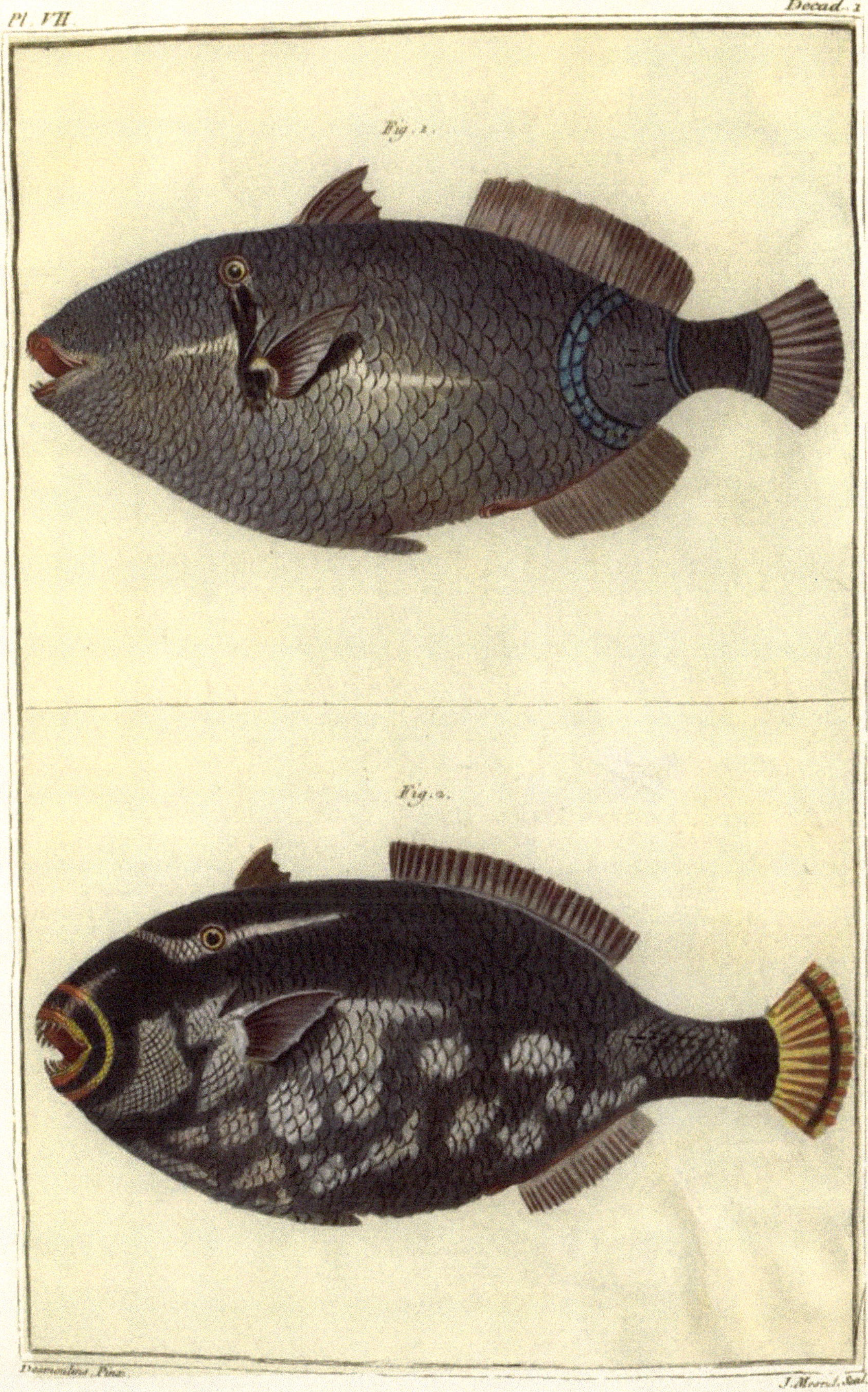

Desmoulins Pinx. J. Mesnil Sculp.

Pl. VIII. Decad. 1.

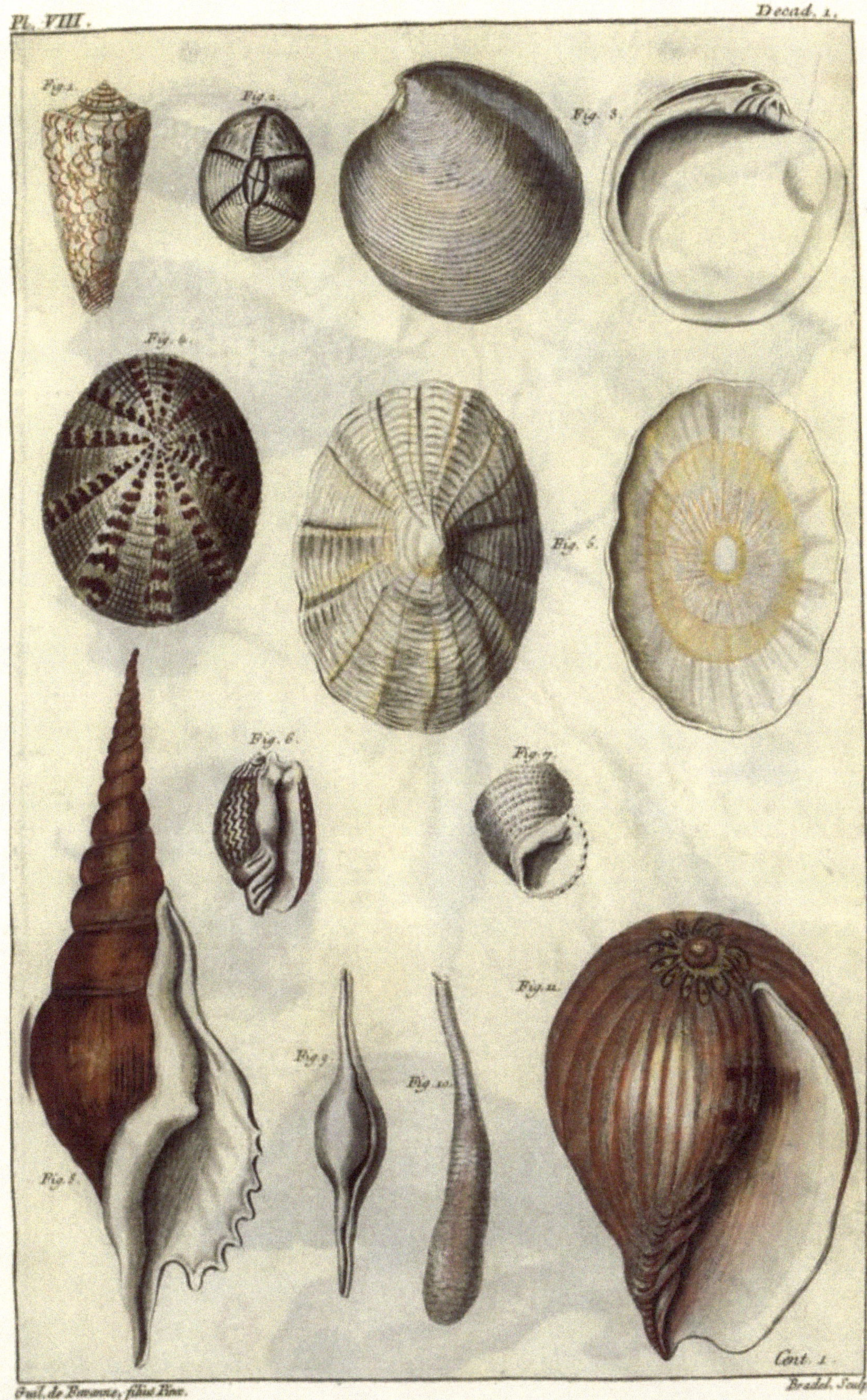

Guil. de Bavanne, filius Pinx. Bradel. Sculp.

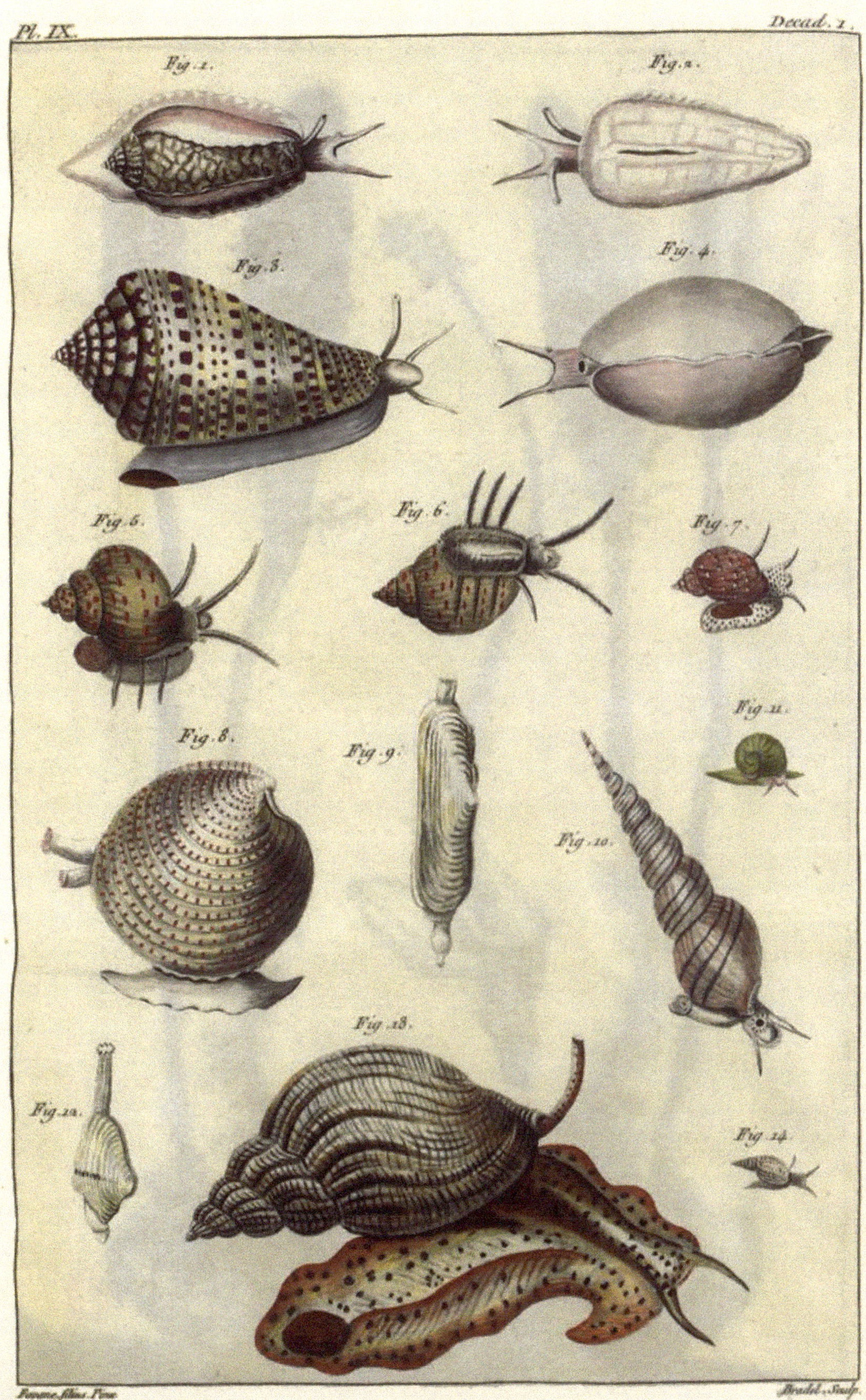

Favanne filius Pinx. Bradel Sculp.

Pl. X. Decad. 1.

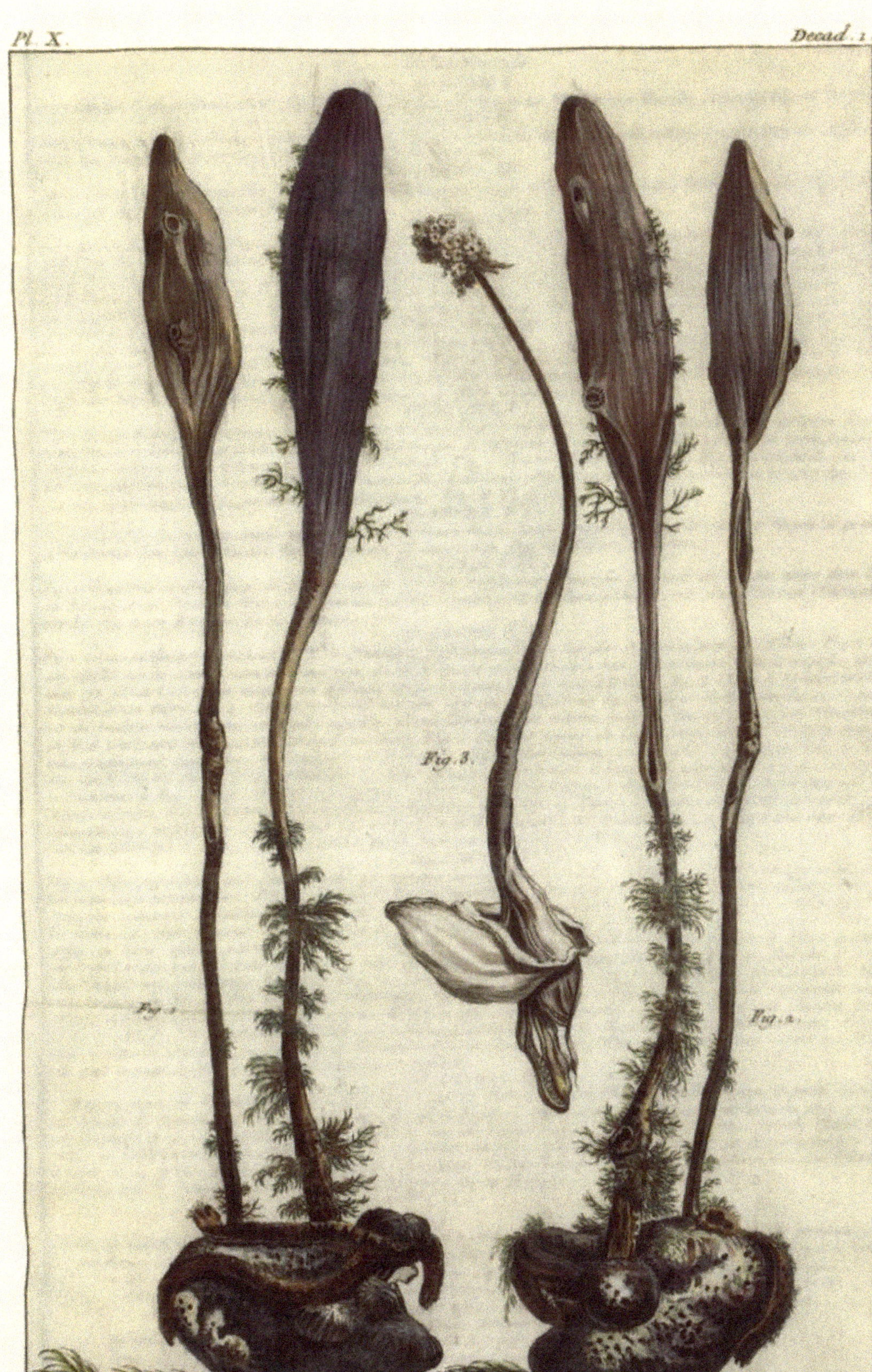

Desmoulins Pinx. C. Baquoy Sculp.

EXPLICATION DES PLANCHES.

de la 1.re Decade.

PLANCHE I.

Fig. 1. l'Homme. Fig. 2. la Femme. Voyez pour les maladies de l'un et de l'autre nos Medecines Rurale, Bourgeoise et Royale.

PLANCHE II.

Fig. 1. le Taureau. Fig. 2. la Vache. Voyez l'histoire naturelle et œconomique de ces Animaux dans notre Dictionaire Veterinaire et des Animaux domestiques aux articles qui les concernent.

PLANCHE III.

Fig. 1. Canard de Barbarie. Fig. 2. Canne de Barbarie à plumage blanc. Voyez notre Histoire génerale et œconomique des trois Regnes de la Nature.

PLANCHE IV.

Fig. 1. Œuf de la Grive rouge. Fig. 2. Œuf du Merle doré ou Grive jaune. Fig. 3. Œuf de l'Alouette commune. Fig. 4. Œuf de l'Alouette huppée. Fig. 5. Œuf de l'Alouette des bois ou Cujulier. Fig. 6. Œuf de l'Alouette des prés. Fig. 7. Œuf de Moineau franc. Fig. 8. Œuf de Moineau des bois. Fig. 9. et Fig. 10. Œufs de Pinçon. Fig. 11. Œuf du Chardonneret. Fig. 12. Œuf de la grande Linotte des Vignes. Fig. 13. et 14. Œufs de la petite Linotte des Vignes. Fig. 15. Œuf de la Linotte de Montagnes. Fig. 16. Œuf du Pinçon à huppe couleur de feu. Fig. 17. Œuf du Tarin. Fig. 18. Œuf du Pinçon de Montagnes. Fig. 19. Œuf du Tête chevre ou Grapaud volant. Fig. 20. Œuf du petit Martinet. Fig. 21. Œuf de l'Hyrondelle domestique. Fig. 22. Œuf de l'Hyrondelle de rivage. Fig. 23. Œuf du Rossignol. Fig. 24. Œuf de la Fauvette vulgaire. Fig. 25. Œuf du Gobe mouche. Fig. 26. Œuf du petit Gobe mouche. Fig. 27. Œuf du grand Traquet ou du Tarier. Fig. 28. Œuf de la Fauvette des Roseaux. Fig. 29. Œuf du Becfigue. Fig. 30. Œuf du Gobe mouche à dos cendré. Fig. 31. Œuf du Roitelet. Fig. 32. Œuf du Traquet. La pluspart de ces Œufs sont décrits dans les Amusemens innocens ou parfait Oiseleur.

PLANCHE V.

Fig. 1. Grosse Araignée de Surinam qui se trouve sur le Guajave et Cocon de la Chenille qui se nourrit sur cet arbre. Fig. 2. La même Araignée devorant un Colibri, d'où lui est venu le nom d'Aranea avicularia Linn. 1034. Fig. 3. autre Araignée de Surinam connue sous le nom d'Araignée chasseuse de Linneus. Fig. 4. Grosse Fourmis de Surinam. Fig. 5. Nymphe de cette Fourmis connue faussement sous le nom d'Œuf de Fourmis. Fig. 6. Fourmis ailée. Voyez tout ce qui concerne ces Insectes dans l'edition que nous avons donné des Insectes de Surinam chez Desnos Pag. 18. Pl. 18.

PLANCHE VI.

Fig. 1. Crocodile de Surinam connu sous le nom de Caiman. Fig. 2. jeune Crocodile sortant de son Œuf. Voyez ce qu'en dit M.lle de Merian dans son Histoire des Insectes de Surinam Pag. 69. Edition de Desnos.

PLANCHE VII.

Fig. 1. Guaperva cendré espece de Poisson, qu'on dit très dangereux à manger pendant un certain temps dans l'Isle de France et de Bourbon. Fig. 2. Guaperva tacheté. Voyez pour la description de ces deux Poissons l'Histoire generale des trois Regnes de la Nature.

PLANCHE VIII.

Fig. 1. Cornet écaillé tiré du Cabinet de M.e la Presidente de Baindeville, un des plus riches Cabinets de l'Europe. Fig. 2. Oursin étoillé connu sous le nom de Faux pou de Baleine qu'on se gardera bien de confondre avec le vrai pou de Baleine qui est un Coquillage totalement different et qui se trouve gravé dans Lister. Fig. 3. Came à Stries entierement blanches de nos mers. Fig. 4. Oursin marqueté tiré du Cabinet de Madame la Presidente de Baindeville, ce Coquillage est de couleur violette sur un fond jaunatre, quand l'animal est vivant, mais il devient d'un gris bleuâtre sur un fond totalement gris, quand l'animal est mort. Fig. 5. Parasol espece de Lepas, representé sous deux aspects differens, anciennement gravé dans le Catalogue de M. Davila. Fig. 6. Olive Ventrue, gravée aussi anciennement dans le Catalogue de M. Davila. Fig. 7. Nerite grenüe, connue dans quelques Cabinets sous le nom de Cedo nulli, tirée du Cabinet de M.e la Presidente de Baindeville, elle n'est encore gravée nulle part. Fig. 8. le Fuseau à dents. Seba la fait graver dans son Thesaurus naturæ. Fig. 9. Navette de Tisserand, Coquillage très rare. Fig. 10. Tuyau à écailles de Poisson de couleur grise, representé dans sa grandeur naturelle tiré du Cabinet de M.e la Presidente de Baindeville. Coquillage très rare. Fig. 11. Couronne d'Ethiopie à griffe, tirée du Cabinet de M.e la Presidente de Baindeville.

PLANCHE IX.

Fig. 1. Olive representée avec son Animal, qui recouvre presqu'entierement le Coquillage et vue superieurement. Fig. 2. La même vue inferieurement. Fig. 3. le Cornet Tigre representé avec son Animal. Fig. 4. Porcelaine surnommée Arlequine recouverte entierement par l'animal. Fig. 5. Limaçon picté avec son Animal vu superieurement. Fig. 6. Le même vu inferieurement. Fig. 7. Buccin à fond rouge et quelquefois à fond brun avec des points blancs disposés en ligne spirale, representé avec son Animal. Fig. 8. Came à fond blanc jaunâtre et à Stries pointillées de rouge, connue par M. Adanson sous le nom de Clonisse, representée avec l'Animal. Fig. 9. Manche de Couteau du Senegal representé avec l'Animal. Fig. 10. Vis à fond grisâtre à trois fascies brunes, connue par M. Adanson sous le nom de Masal. Fig. 11. Ecorce d'Orange, espece de Limaçon à bouche demi ronde, representée avec son Animal, ce Coquillage ne prend cette couleur d'Orange que lorsque l'animal est mort et il est olivatre lorsqu'il est vivant. Fig. 12. Volatre du Senegal avec son Animal. Fig. 13. Buccin Connu dans le pays d'Aunis sous le nom de Caparolle, representé avec l'Animal. Fig. 14. Buccin à fond brun tacheté de blanc, connu par M. Adanson sous le nom de Barnet representé aussi avec l'Animal.

PLANCHE X.

Nouveau genre de Zoophites envoyé à M. Linneus par M. Bolten Medecin Physicien de Hambourg, et pêché depuis peu au detroit de Davids sous le Vingt neuvieme degré. La Figure premiere represente la face anterieure du plus grand de ces Zoophites et le coté gauche du plus petit. la seconde Figure indique le dos de la plus grande Plante Animale et l'Abdomen de la plus petite et la troisieme est ce Zoophite disequé depuis la Bouche jusqu'à l'anus et dont on a replié la peau. Voyez pour la description de cet Animal de même que pour celles des Planches précedentes notre Histoire generale des trois Regnes de la Nature.

Nota. On s'attachera uniquement dans cette Collection à donner ce qu'il y a de plus rare, de plus Curieux et de plus interessant dans les trois Regnes, et si dans cette 1.re Decade il se trouve gravés quelques objets trop connus pour y être representés, on fera en sorte de ne pas retomber à l'avenir dans de pareils inconvenients, l'auteur se reservant de traiter des animaux les plus connus et qui habitent la France dans son Histoire naturelle du Royaume, Ouvrage totalement different de celui-ci. Ceux qui desireront faire connoitre quelques raretés de leur Cabinet en fait d'histoire naturelle sont priés d'en faire part à M. Buchoz Medecin Botaniste et Surnumeraire de Monsieur frere du Roi, à Paris rue Hautefeuille. Il les fera dessiner et graver à ses frais et il indiquera en même temps d'où ces morceaux seront tirés. Cette 1.re Decade sera suivie dans peu d'une seconde destinée totalement à representer les Plantes de la Chine.

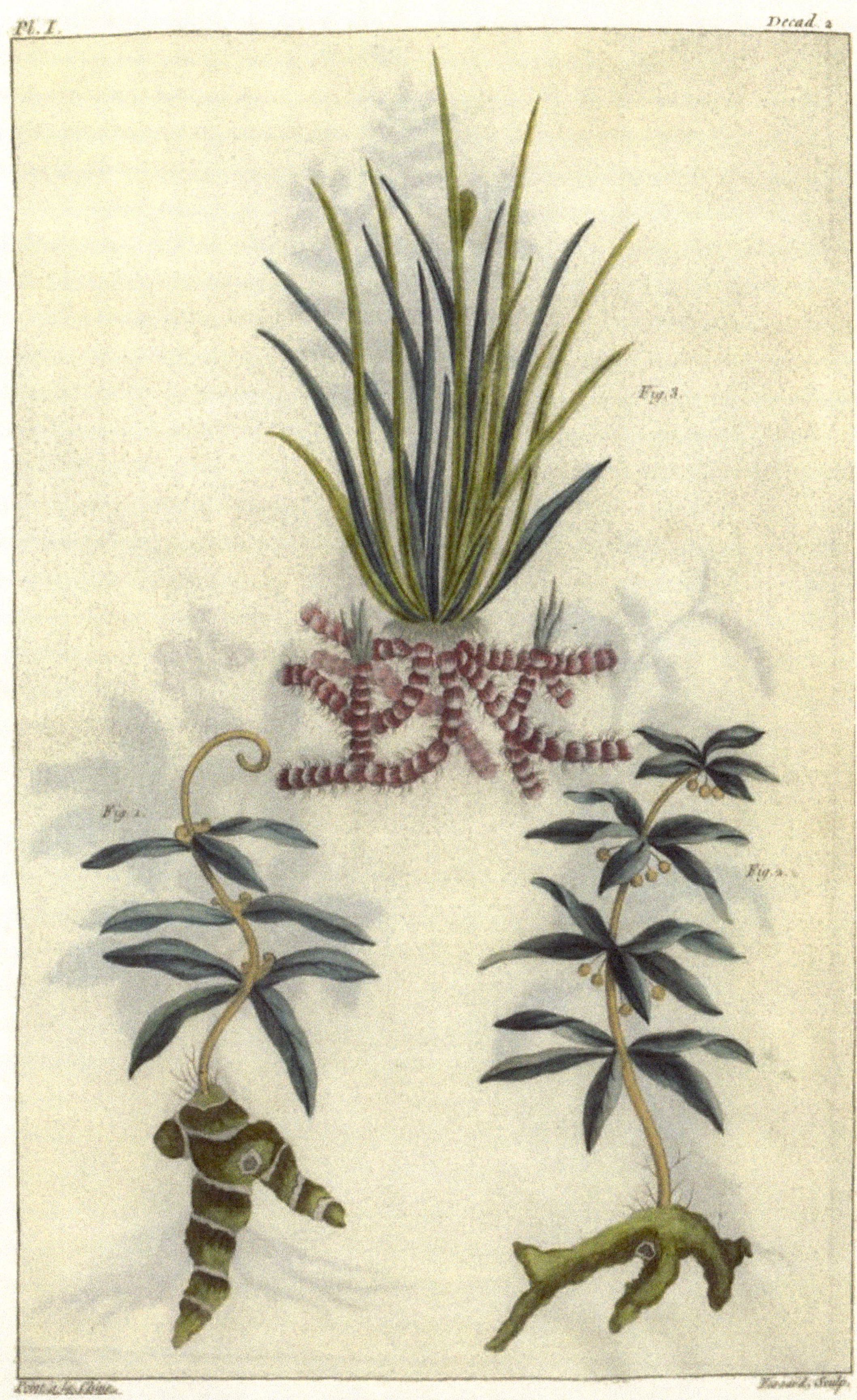
Pl. I.
Decad. 2
Fig. 3.
Fig. 1.
Fig. 2.
Peint à la Chine
Fessard. Sculp.

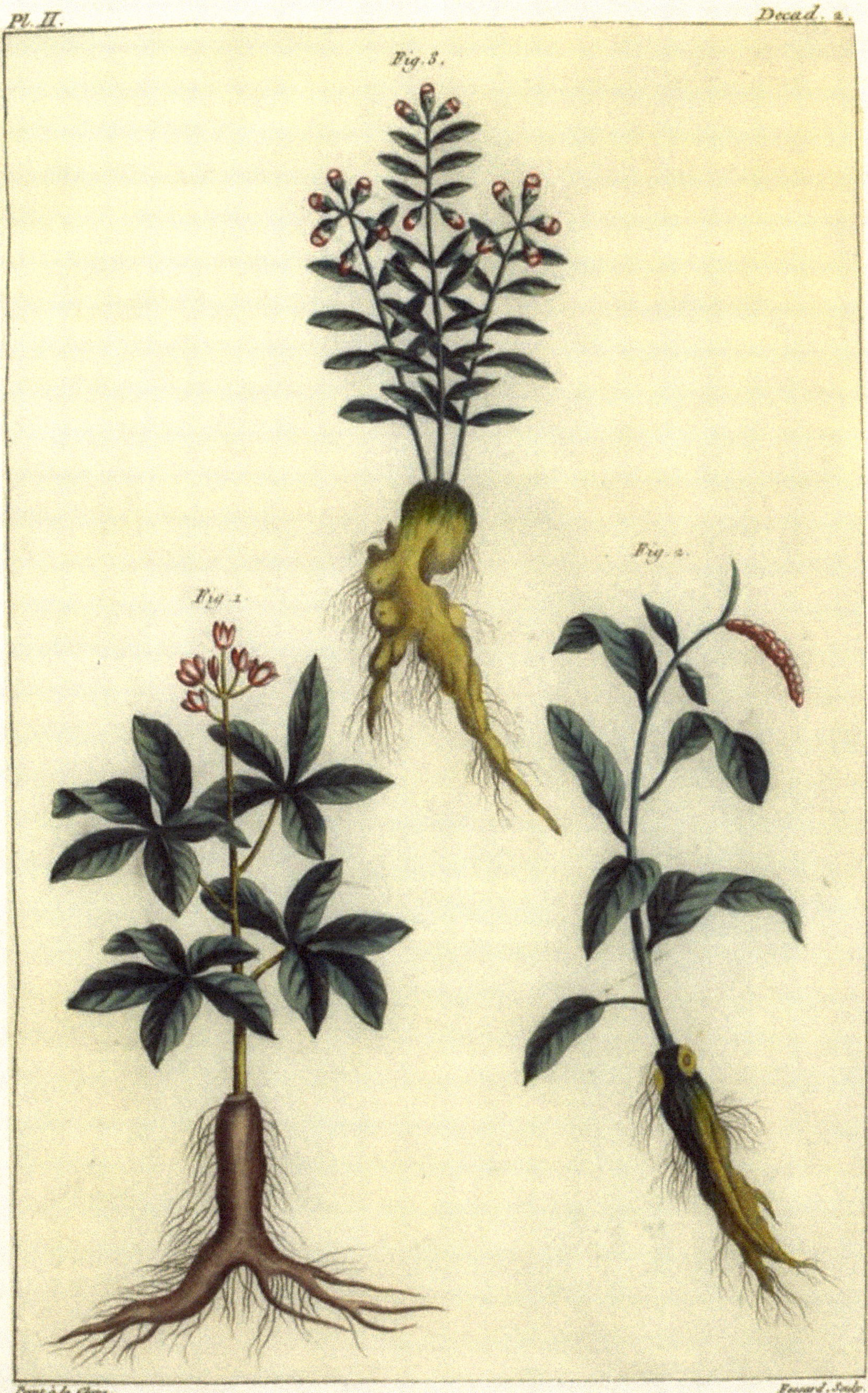

Peint à la Chine. Fessard, Sculp.

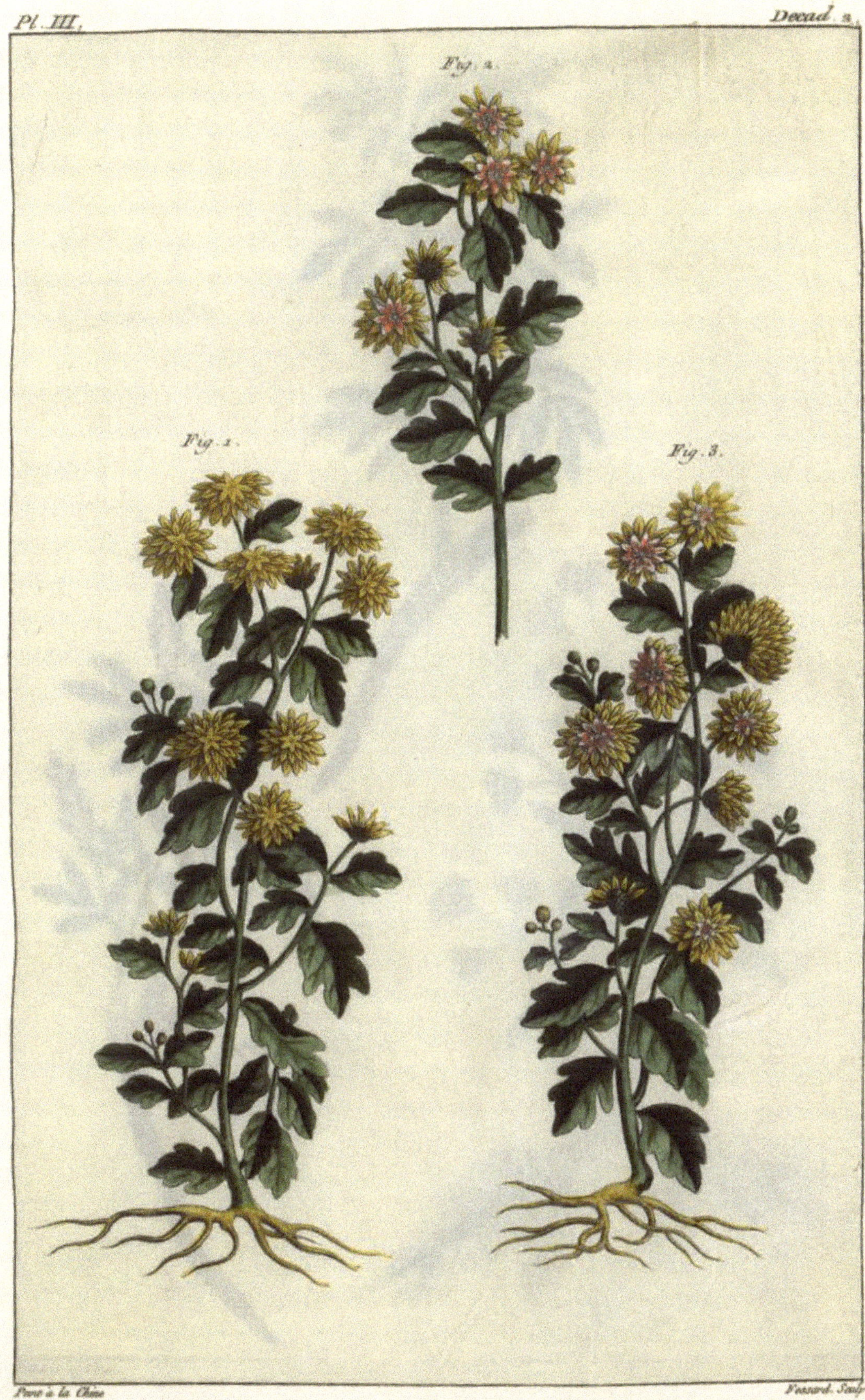

Peint à la Chine

Fessard. Sculp

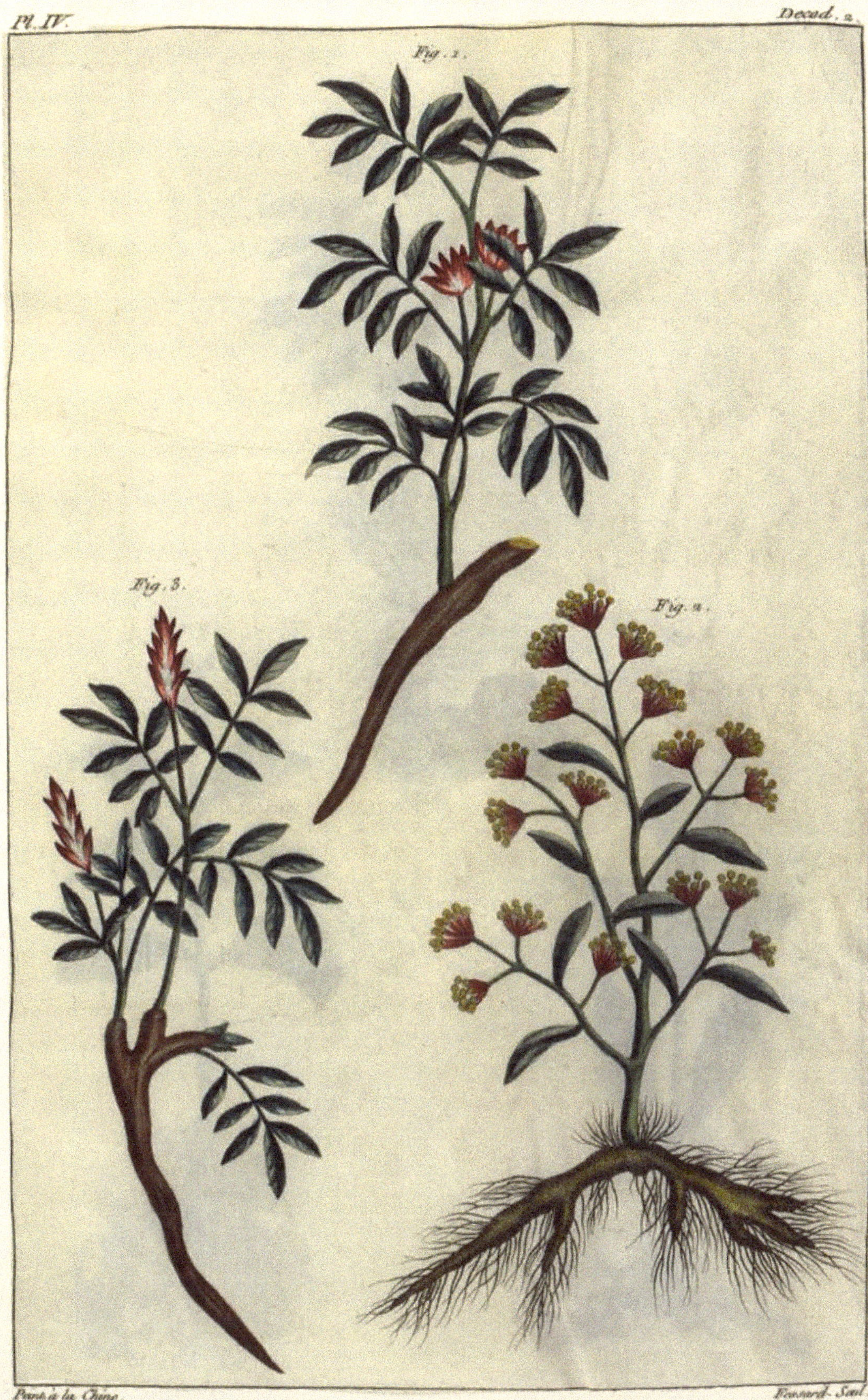

Peint à la Chine. Fessard Sculp.

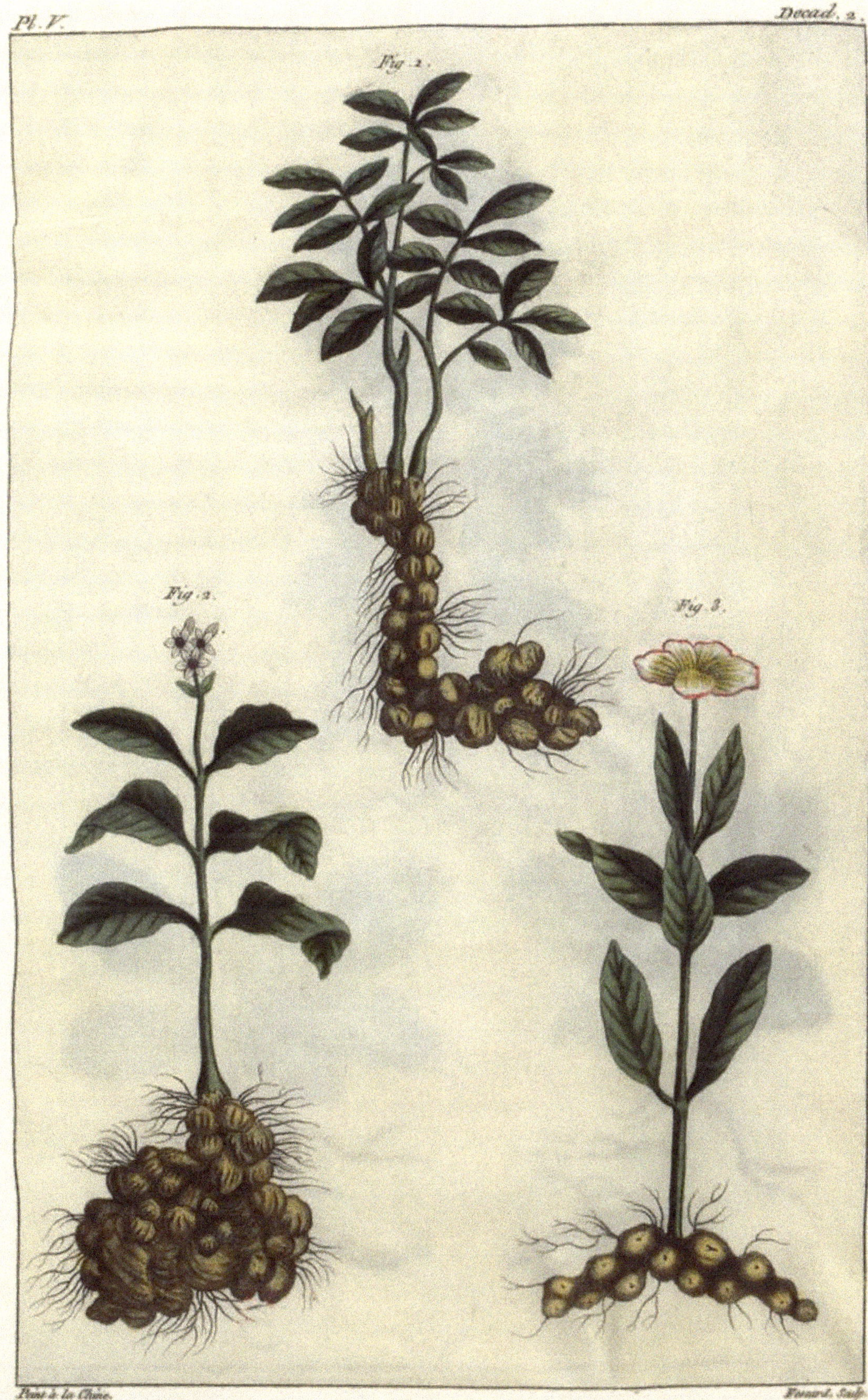

Peint à la Chine. Fessard. Sculp.

Pl. VI.

Decad. 2.

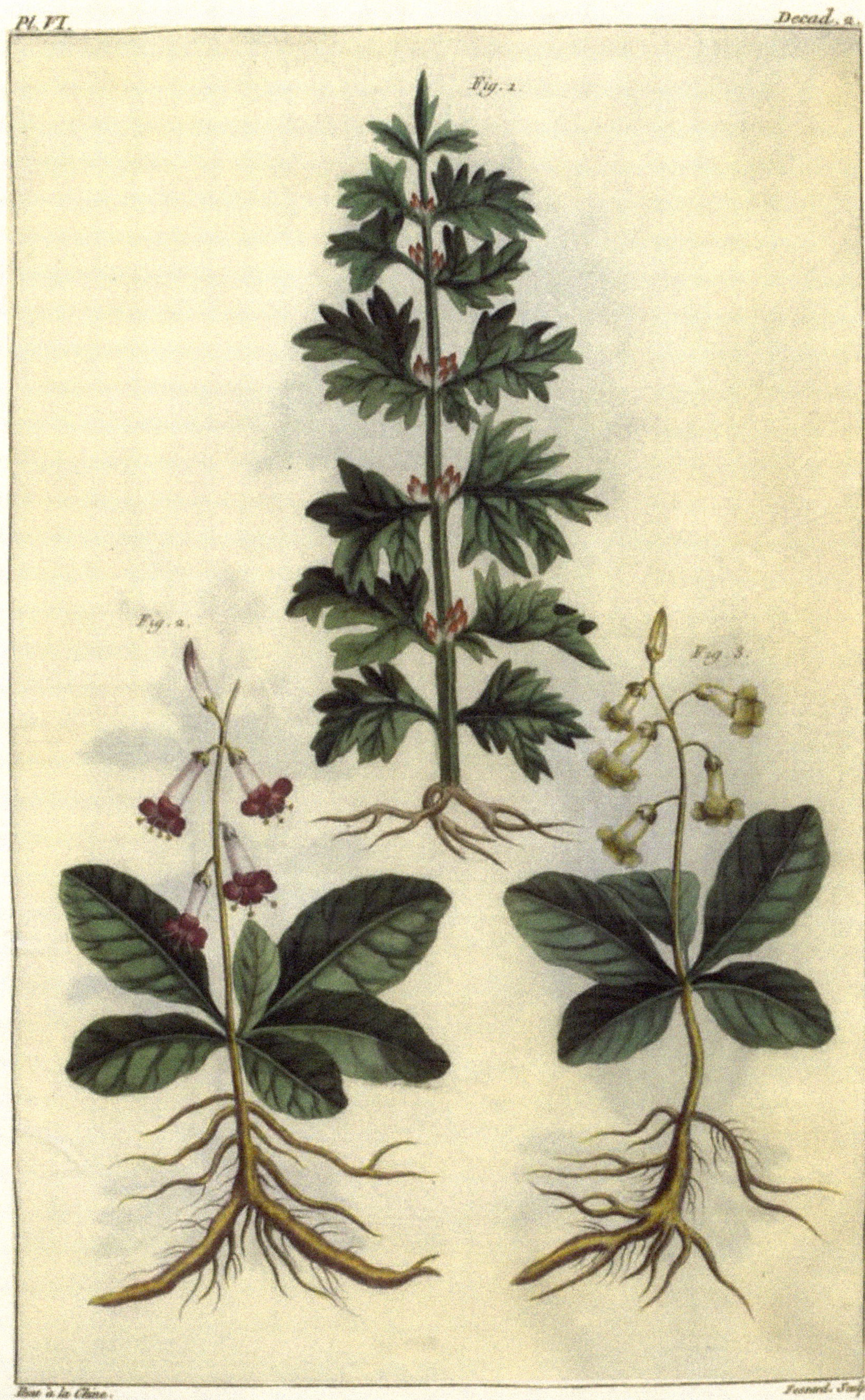

Fait à la Chine.

Fessard. Sculp

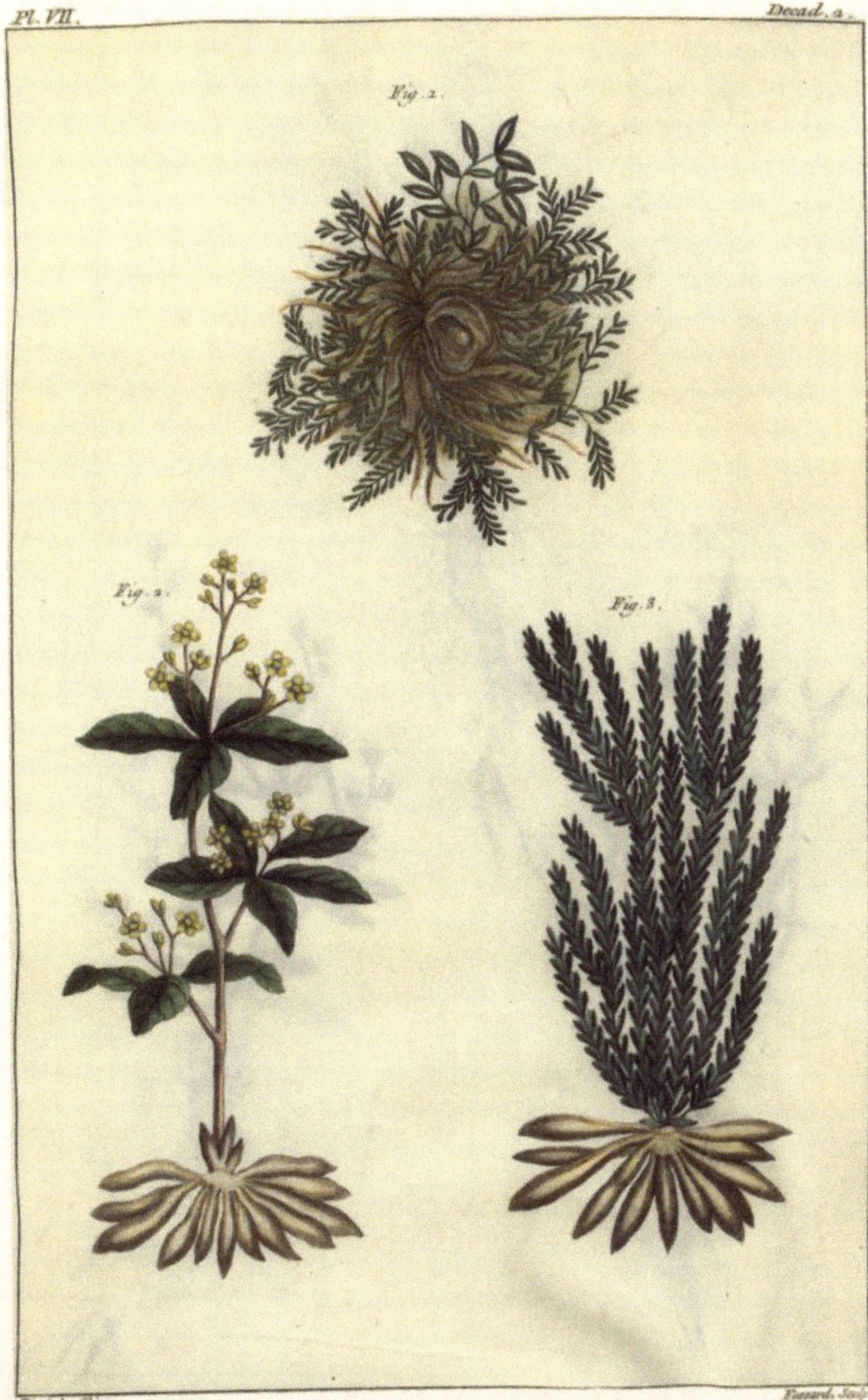

Peint à la Chine. Fessard Sculp.

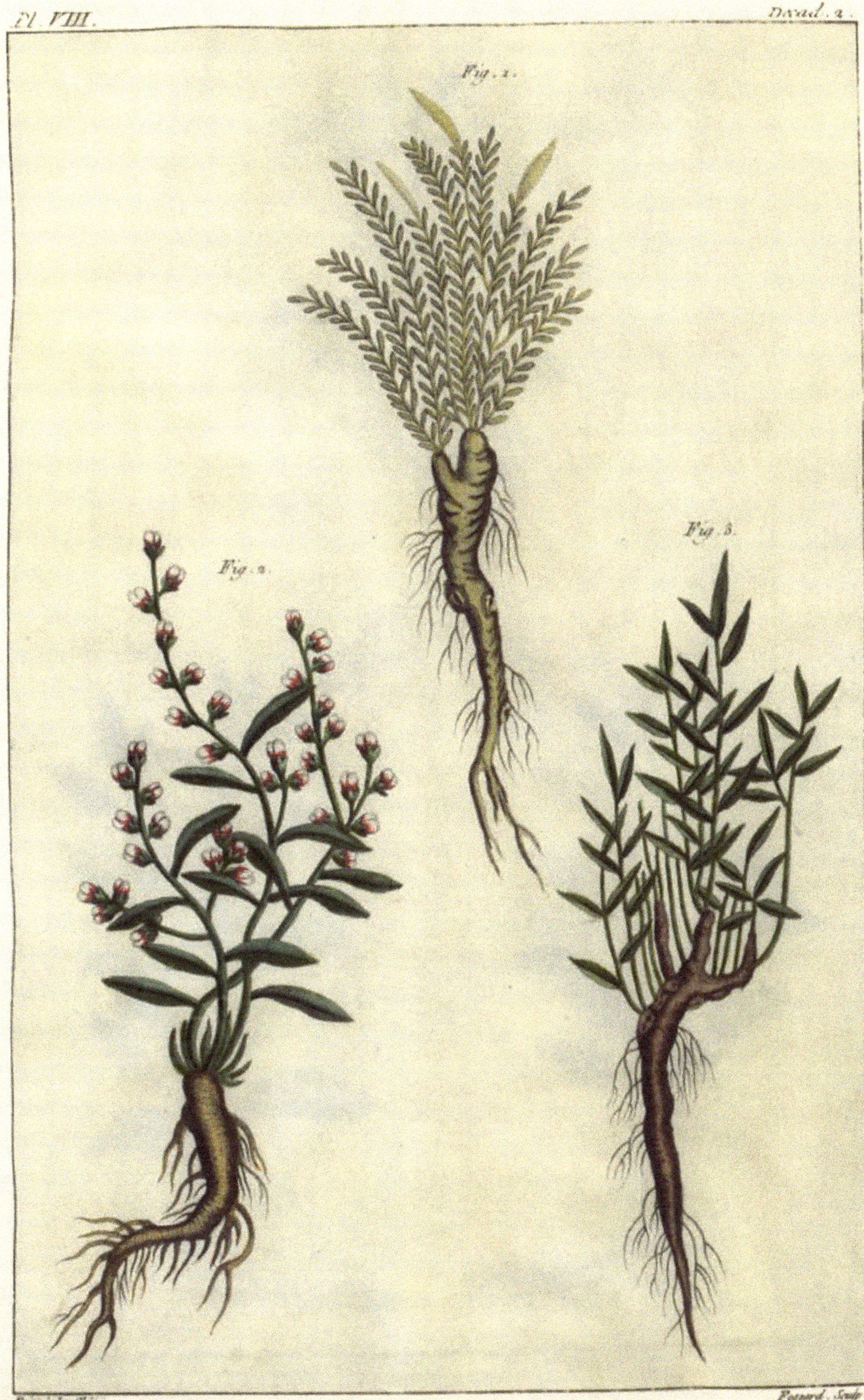

Peint à la Chine. Fossard. Sculp.

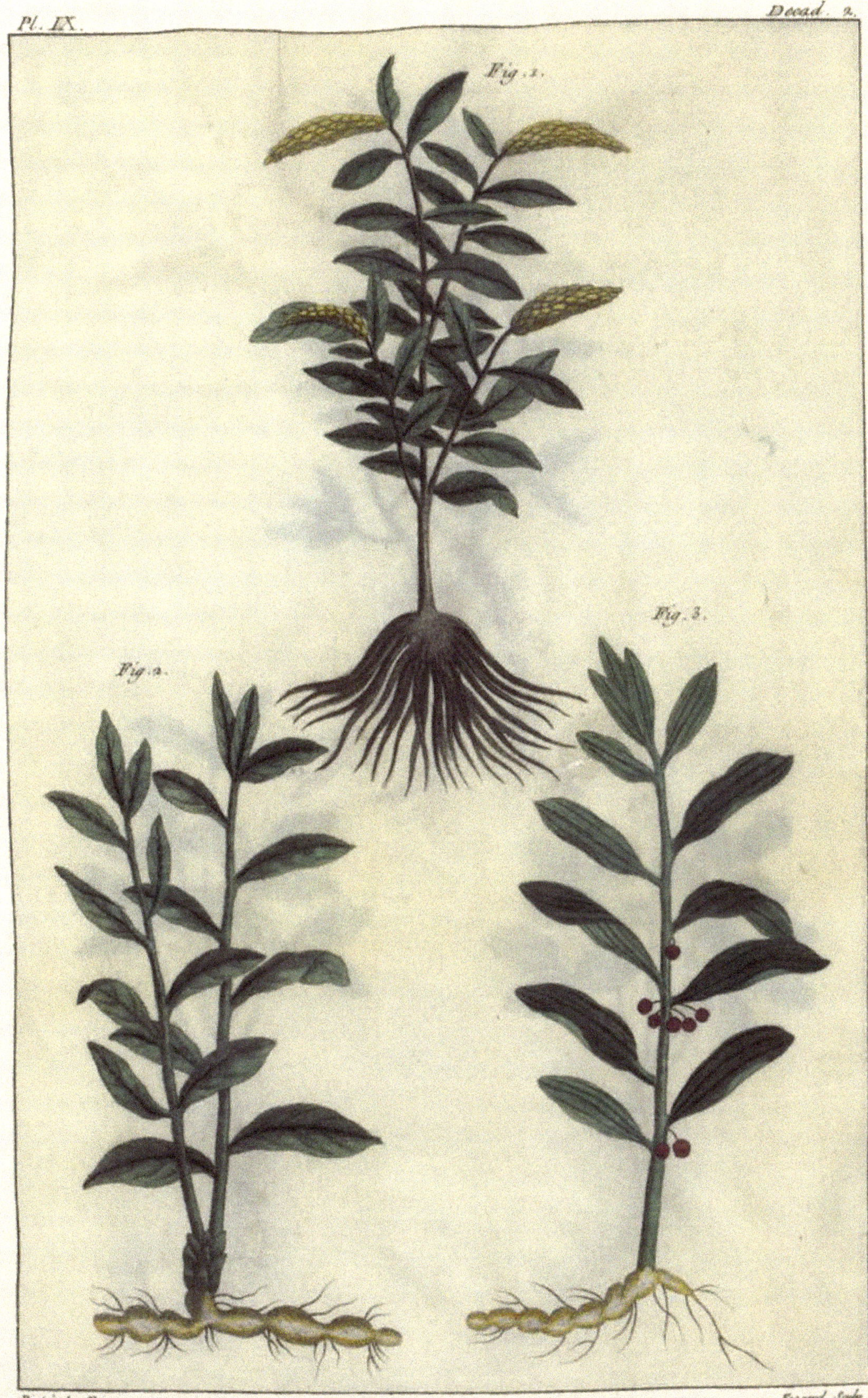

Peint à la Chine. *Fessard Sculp.*

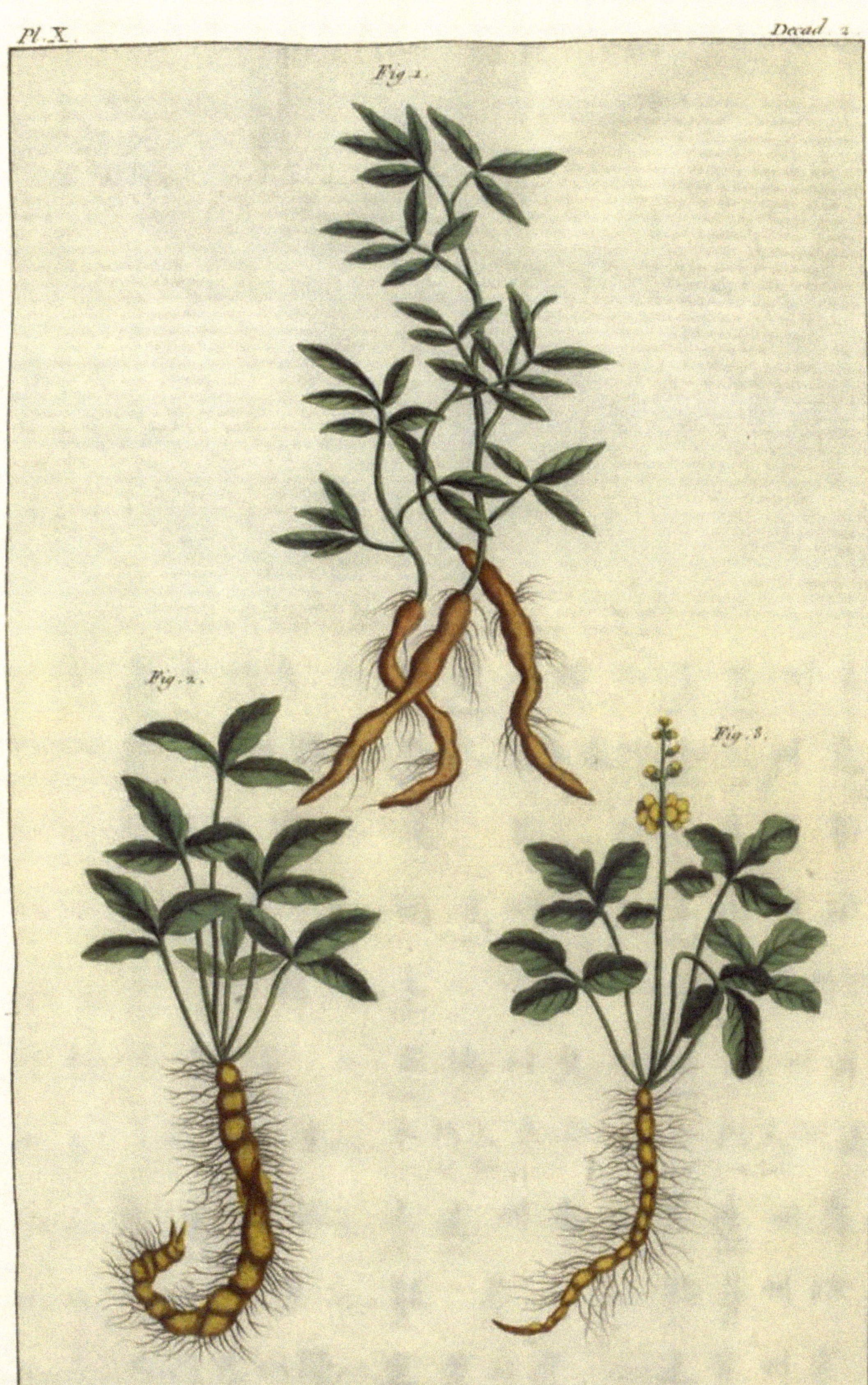

Peint a la Chine

Fessard Sculp.

EXPLICATION DES PLANCHES
de la 2.de Decade.

On desire depuis longtemps en Europe une suitte en planches ou en peinture de toutes les Plantes, Racines, Arbres et Arbrisseaux dont les Chinois font usage dans la Medecine, ou dont ils parlent dans leurs livres de Botanique, mais une pareille entreprise est presque d'une difficulté insurmontable dans un pays qu'on ne peut parcourir et ou l'entrée est interdite à tout Europeen, cependant un missionnaire habile medecin et bon Botaniste a travaillé jadis à une Botanique Chinoise d'apres les meilleurs livres qu'on ait à Pekin. Les Medecins, les Botanistes et les Pharmaciens de la Cour l'aiderent de leurs lumieres et apres bien des années de recherches ce Missionnaire parvint enfin a rediger en 18. Volumes tout ce qu'il y a de plus curieux et de plus interessant a sçavoir sur les Plantes, Arbres et Arbustes qui sont indigenes à la Chine ou dont on fait usage pour les remedes qu'on y prescrit, on lui donna des Peintres et il embellit son Ouvrage de peintures faites d'apres Nature de toutes les Plantes dont il faisoit mention. Les Planches enluminées que nous publions, ont été faites d'apres une copie de cet original qu'on ne trouve que chez l'Empereur et qui est l'ouvrage le plus complet et le plus sur qu'on ait dans ce pays sur les Plantes. Ce Recueil que nous presentons actuellement aux Amateurs de l'Europe, seroit même tres precieux à la Chine, puis qu'on ne le trouve nulle part que chez le Souverain du pays, il a été envoyé à une Princesse qui fait ses amusemens de la Botanique et son occupation ordinaire du soulagement des malheureux, comme l'Auteur du Recueil dont ces Planches sont tirées travailloit d'apres les Chinois et pour les Chinois, il a suivi leur plan de Botanique fort different des notres, cet inconvenient ne seroit pas grand s'il avoit eu plus d'attention à faire dessiner correctement les fleurs avec leurs pystiles et leurs etamines, il les a même omis dans le plus grand nombre, cette faute est aujourd'hui presq'irreparable pour toutes les Plantes rares et singulieres qu'on ne trouve que dans les Provinces eloignées de Pekin, mais c'est toujours beaucoup pour l'Europe que de connoitre en gros les Plantes qui croissent dans la Chine et d'en avoir au moins une notion, telle que nous en avons de celles de l'Europe du temps de Mathiole et d'autres Botanistes de son Siecle; si on desire dans la suitte connoitre exactement quelques Plantes ou Arbres de ceux qui seront gravés ici, rien ne sera plus facile, comme les noms Chinois de ces Plantes se trouvent pareillement gravés; on pourra ecrire sur les lieux pour avoir la graine de celles qu'on desirera connoitre ainsi que leurs proprietés, il suffira de copier exactement d'apres ce Recueil la Plante ou les Caracteres Chinois qui la designent. Ces Caracteres se lisent de gauche a droite comme on ecrit deja tres bien en France, il est à observer que la Botanique Chinoise n'est pas moins abondante en Synonimes que la Botanique d'Europe, et on ne doit pas regarder comme differentes des Plantes dont il est parlé sous d'autres noms dans les Livres Chinois, celles qu'on trouveroit ici leur ressembler, cette observation est tres essentielle.

Cette Collection de Plantes en renfermera prés de 600, et on peut hardiment assurer, qu'il s'y trouvera tout ce qu'il y a de plus curieux dans la Botanique Chinoise et elle sera encore d'un tres grand secours pour diriger et fixer les questions qu'on voudroit faire sur les Plantes qu'on ne connoit pas audela des Mers. Dans notre Histoire naturelle et œconomique des 3. Regnes *nous tacherons de determiner la nature de chaque plante et l'analogie qu'elle peut avoir avec celles de l'Europe nous avons separés ces Plantes de notre* Histoire universelle du Regne Vegetal *et nous nous y sommes determinés d'autant plus volontiers que nous n'avons pas encor des connoissances assez certaines pour pouvoir les classer, puis que les fleurs manquent dans la plupart, il paroit que le Dessinateur s'est attaché preferablement à la racine qui est sans doute la partie de la Plante la plus utile dans la Medecine Chinoise.*

Pl.	Fig. 1	Fig. 2	Fig. 3
Pl. 1	精黃州商 (Tsing hoang)	精黃州解 (Tsing hoang)	蒲菖州戎 (pŸ Tchang)
Pl. 2	參人州潞 (chen ou Sen, gin)	參人軍勝威 (chen ou Sen, gin)	參人州兗 (chen gin)
Pl. 3	花菊州衛 (hoa Kiu)	花 菊 (hoa Kiu)	花菊州鄧 (hoa Kiu)
Pl. 4	草甘州府 (Tsaò Kan)	胡柴州丹 (hŸ Tchai)	草甘州汾 (Tsaò Kan)
Pl. 5	术白州越 (Tchŏ pe)	术白州舒 (Tchŏ pe)	术蒼軍門荊 (Tchŏ Tsang)
Pl. 6	子蔚茺 (Tze Yei Tchong)	黃地州冀 (hoang Ti)	黃地州沂 (hoang Ti)
Pl. 7	子絲菟州單 (Tze Se Tŏ)	冬門天京西 (Tong men Tien)	冬門天州漢 (Tong men Tien)
Pl. 8	志遠州解 (Tchi yuen)	志遠州商 (Tchi yuen)	志遠州齊 (Tchi yuen)
Pl. 9	膝牛州單 (Si meŏ)	蕤 萎 (Sĕi Yei)	蕤萎州滁 (Sĕi Yei)
Pl. 10	天戟巴州歸 (Tiĕn Ki pa)	連黃州澧 (lien hoang)	連黃州宣 (lien hoang)

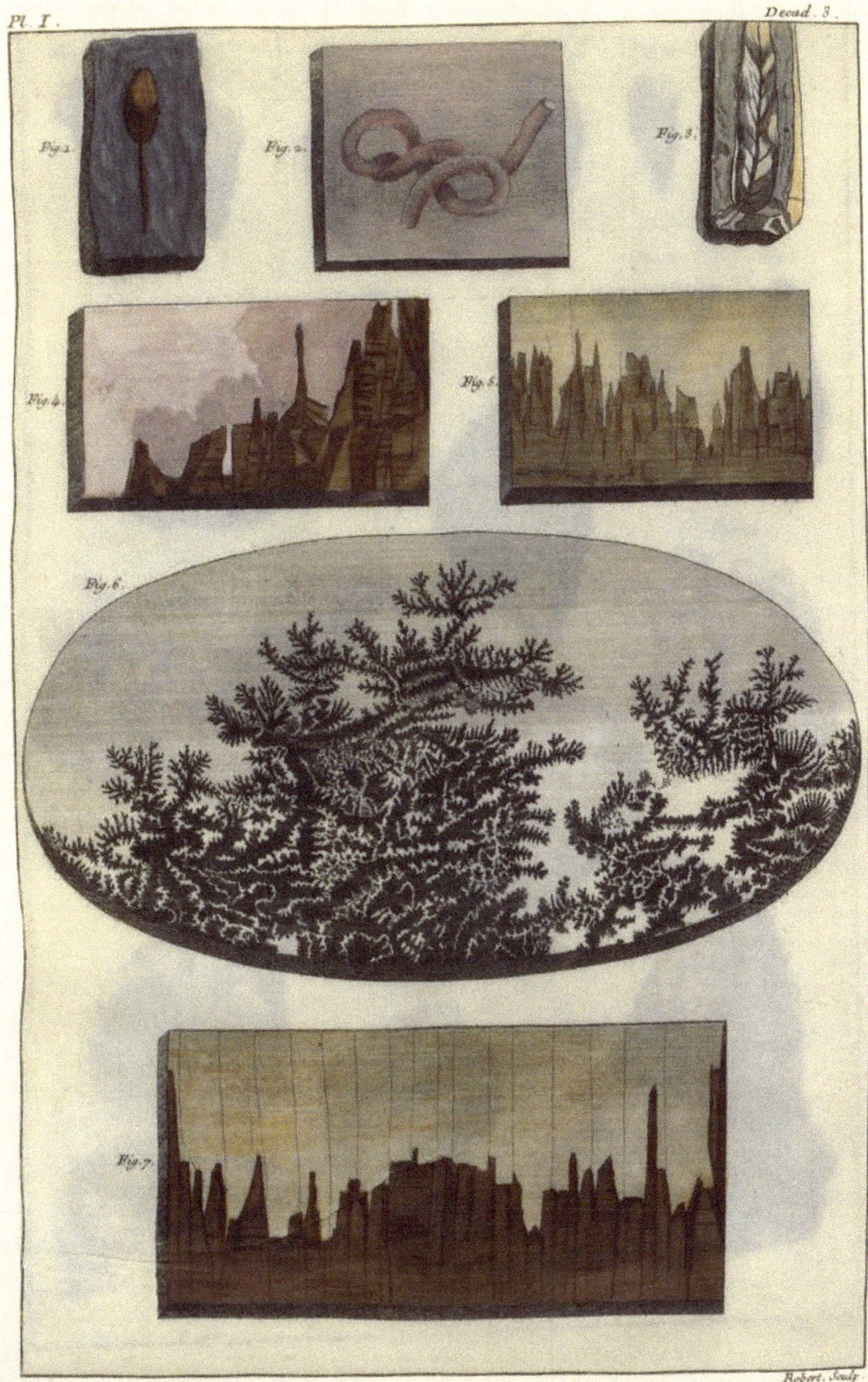

Robert. Sculp.

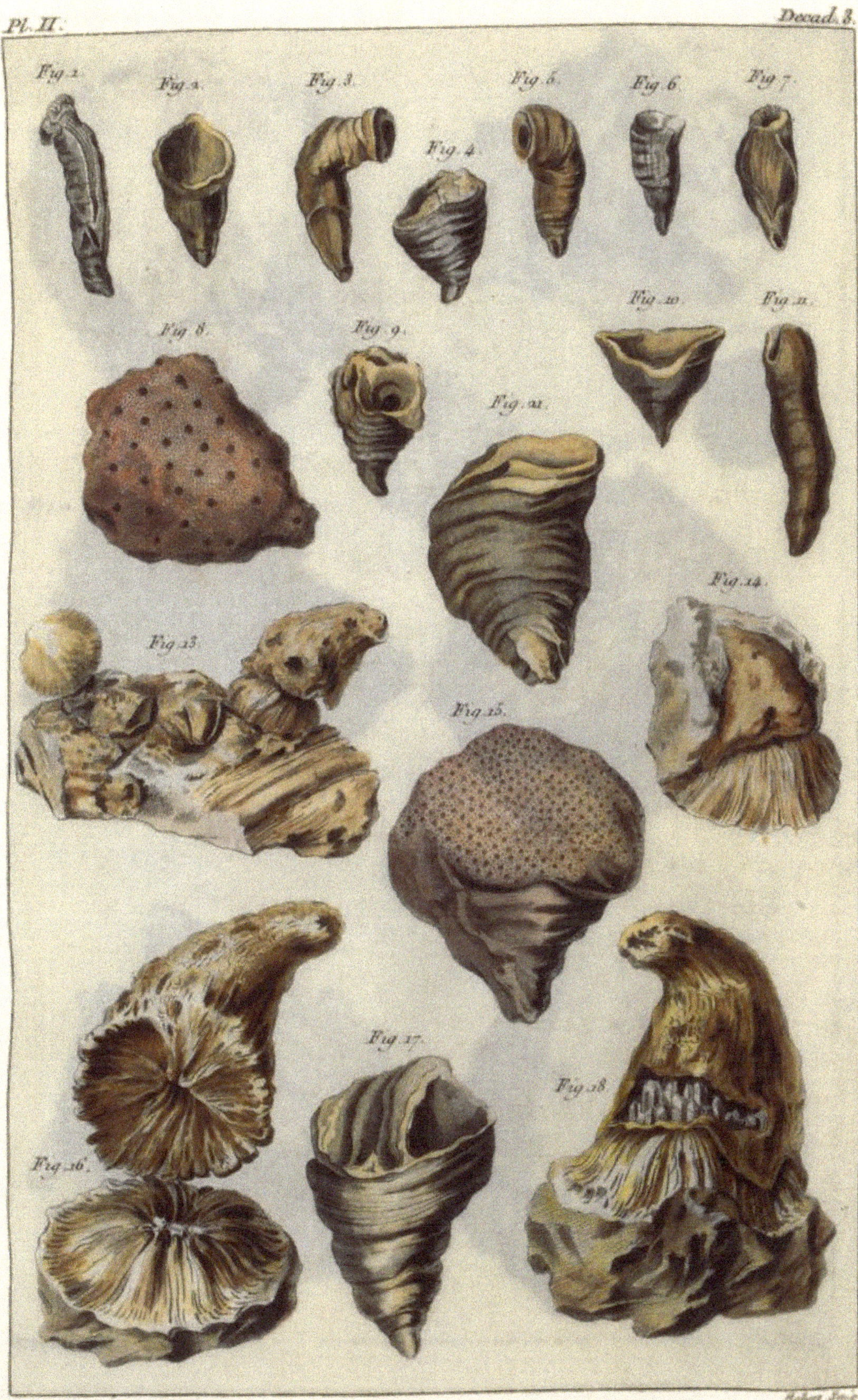

Robert Sculp.

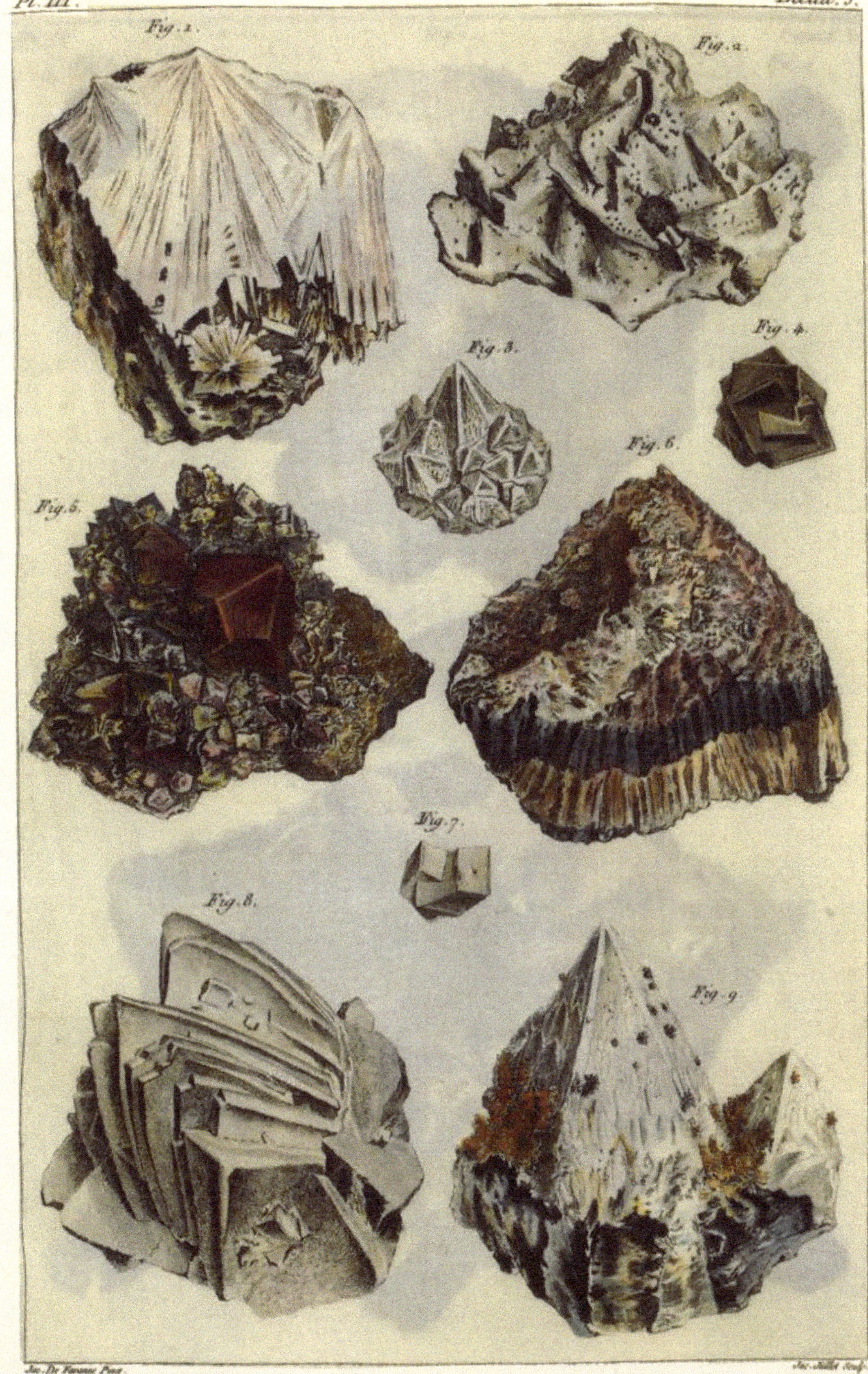
Fig. 1.
Fig. 2.
Fig. 3.
Fig. 4.
Fig. 5.
Fig. 6.
Fig. 7.
Fig. 8.
Fig. 9.

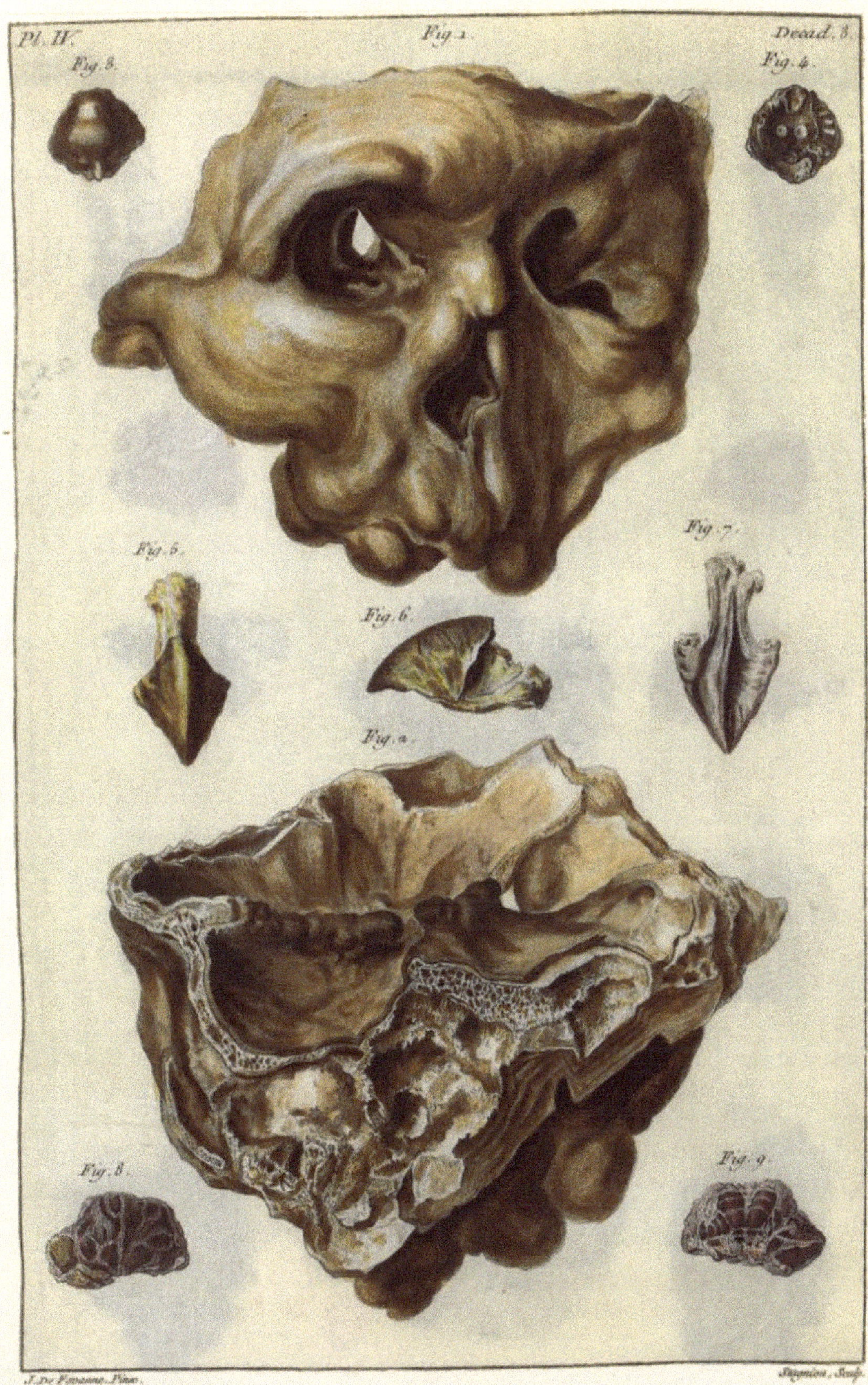
Pl. IV.
Fig. 1.
Decad. 3.
Fig. 3.
Fig. 4.
Fig. 5.
Fig. 7.
Fig. 6.
Fig. 2.
Fig. 8.
Fig. 9.
J. De Fovanne Pinx.
Saignon, Sculp.

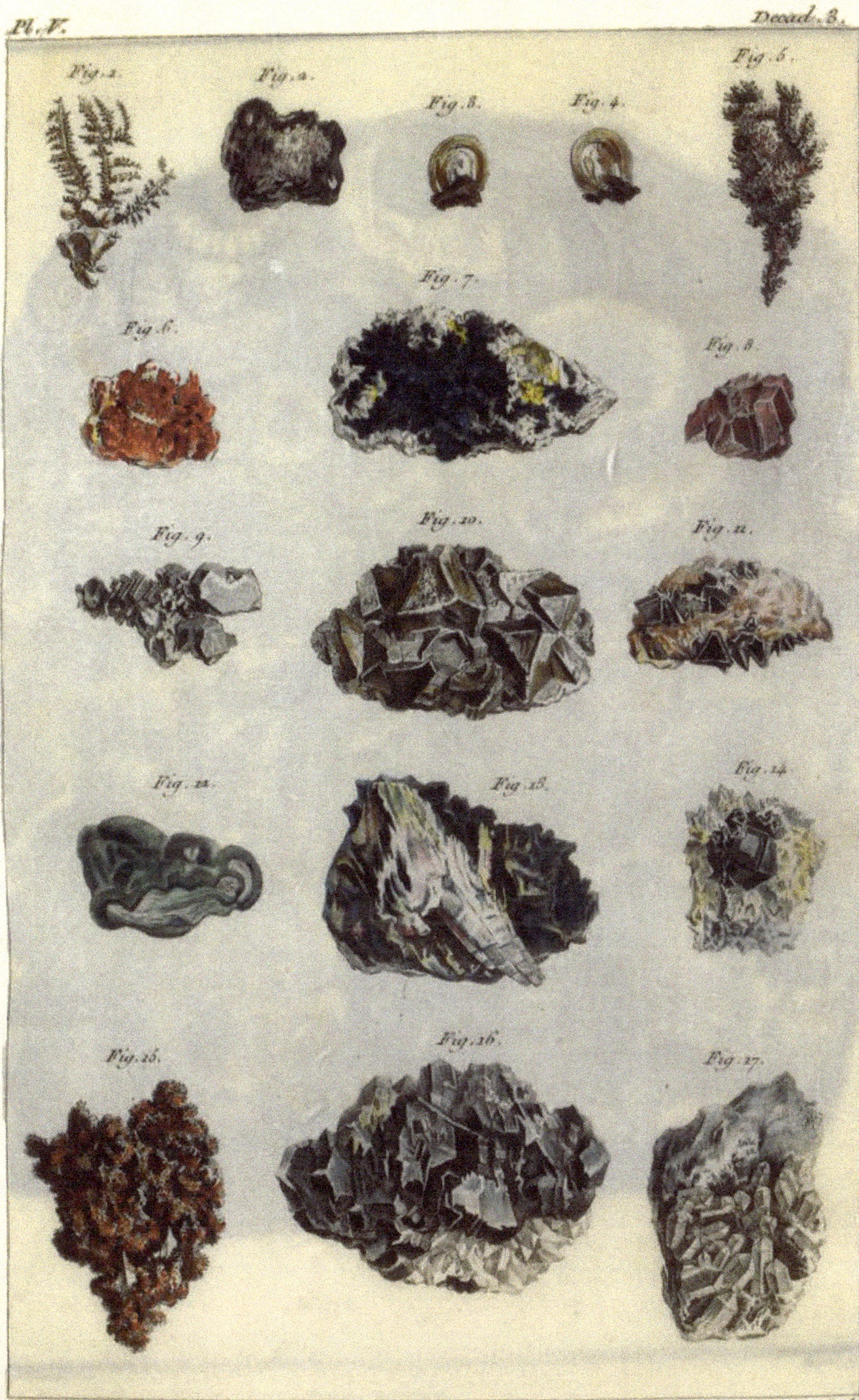

J. de Favane. Pinx. *Duret. Sculp.*

Pl. VI. Decad. 3.

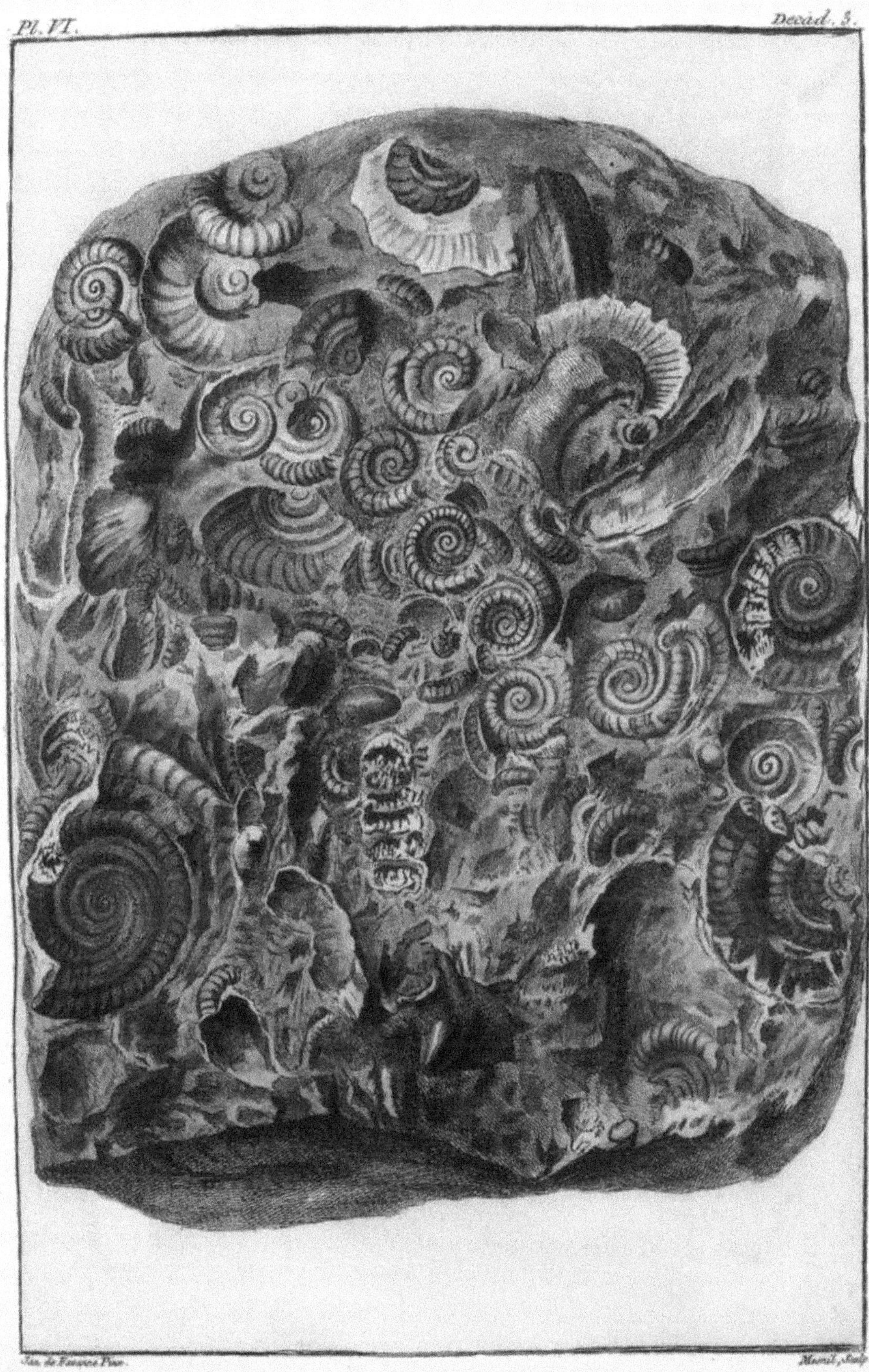

Pl. VII. Decad. 8.

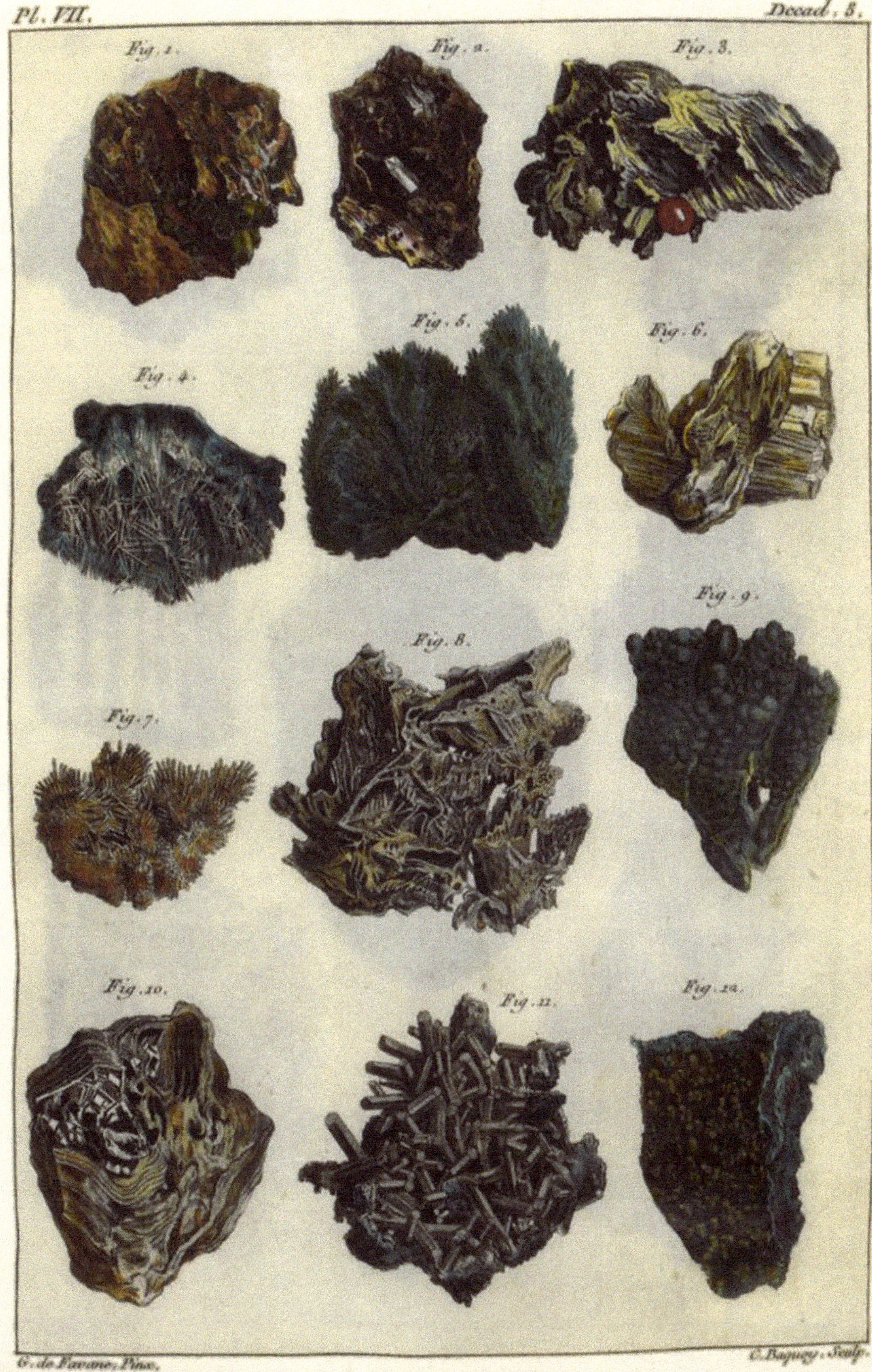

G. de Favanne Pinx. C. Baquoy Sculp.

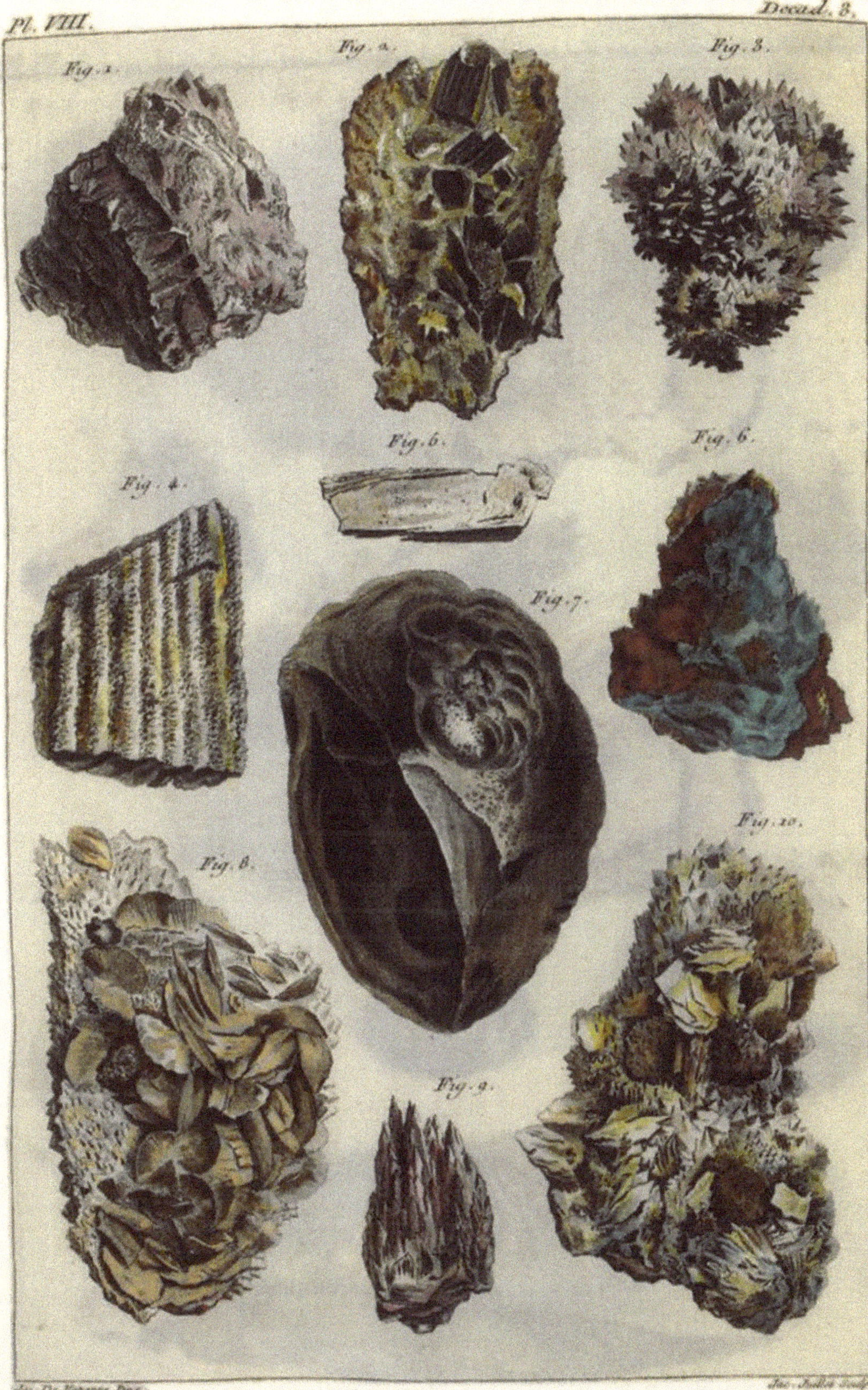
Pl. VIII.
Decad. 3.
Fig. 1.
Fig. 2.
Fig. 3.
Fig. 4.
Fig. 5.
Fig. 6.
Fig. 7.
Fig. 8.
Fig. 9.
Fig. 10.
Jac. De Favanne Pinx.

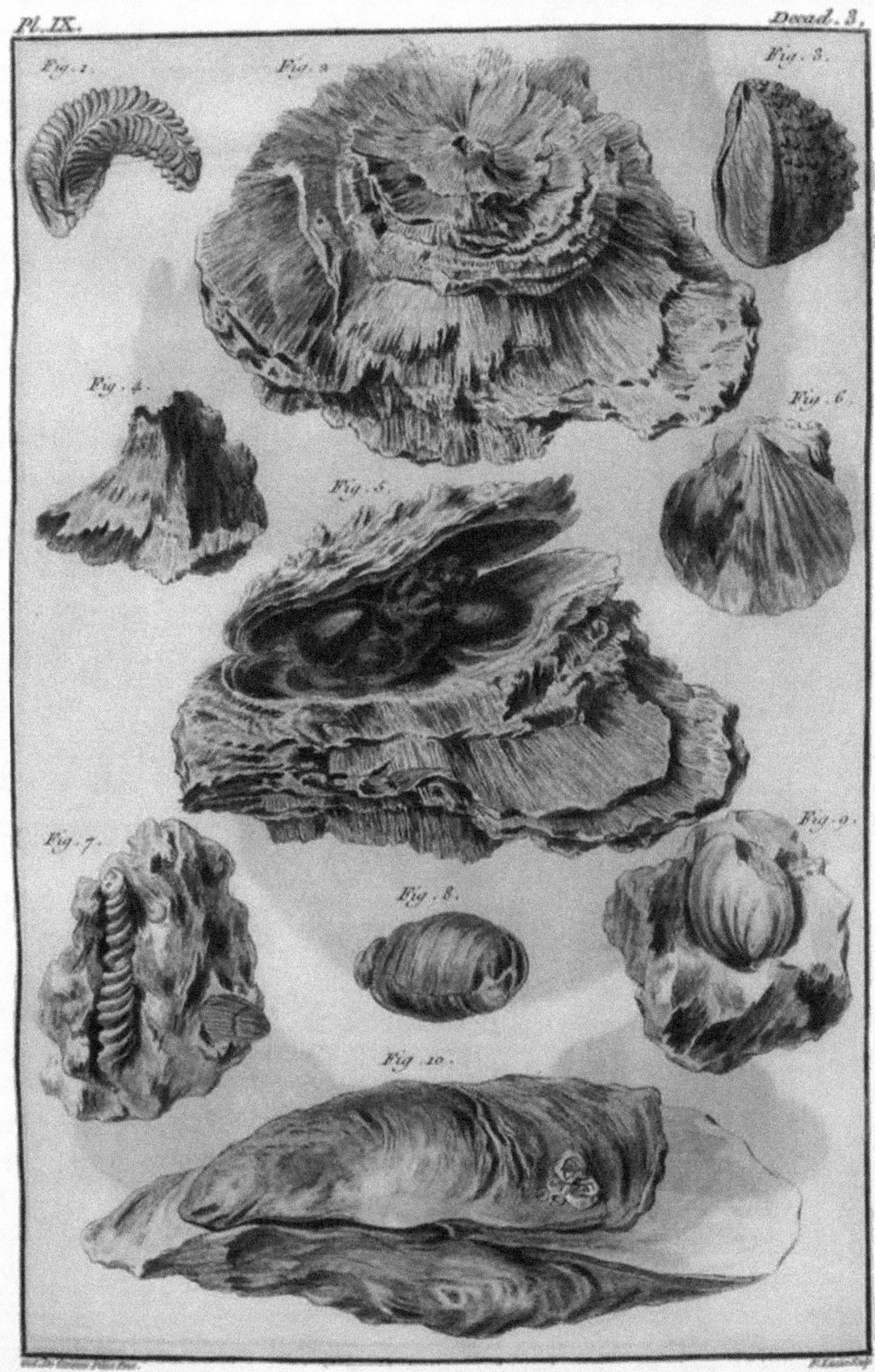
Pl. IX.
Decad. 3.
Fig. 1.
Fig. 2.
Fig. 3.
Fig. 4.
Fig. 5.
Fig. 6.
Fig. 7.
Fig. 8.
Fig. 9.
Fig. 10.

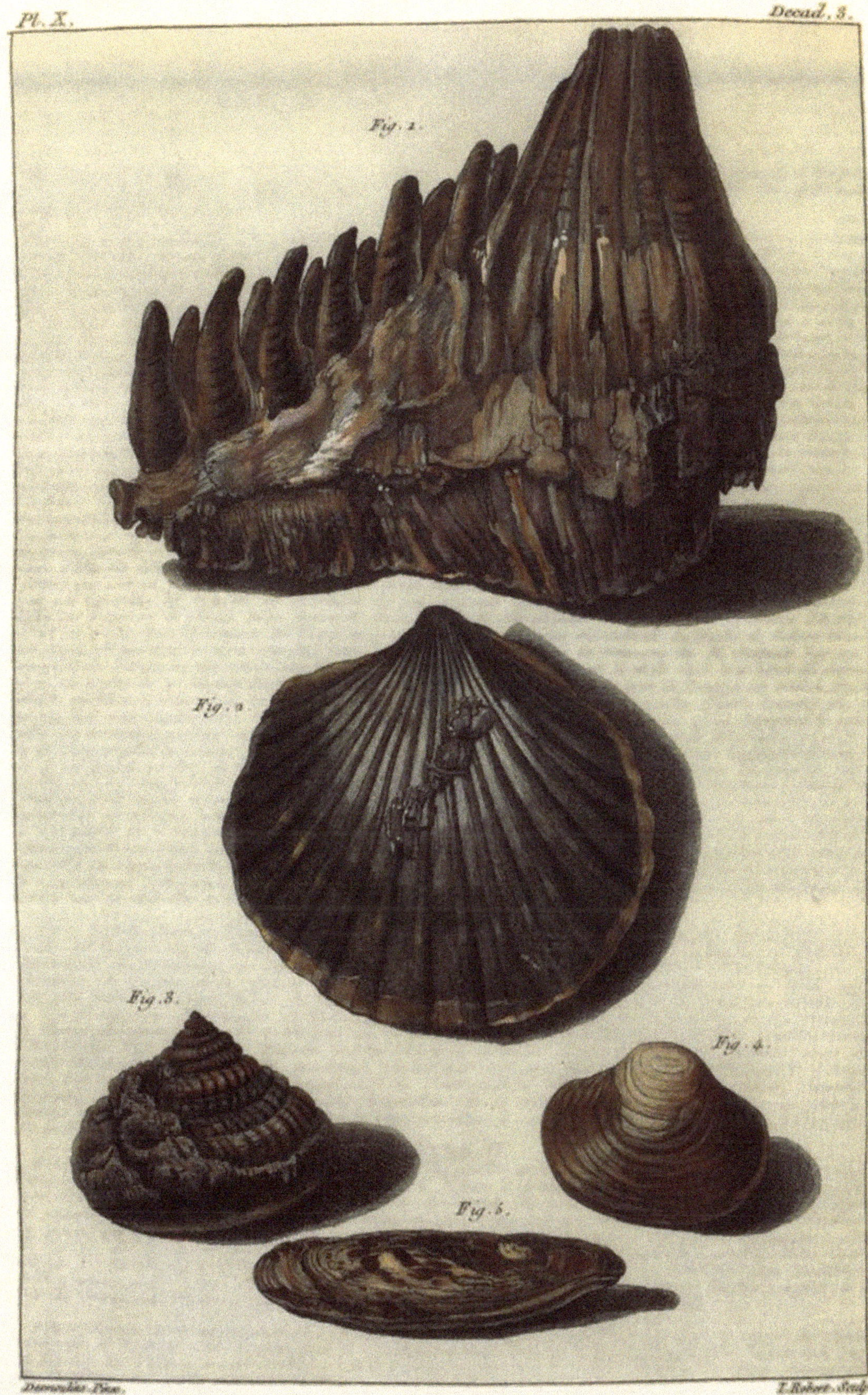
Pl. X.
Decad. 3.
Fig. 1.
Fig. 2.
Fig. 3.
Fig. 4.
Fig. 5.
I. Robert Sculp.

EXPLICATION DES PLANCHES

de la 3. Decade.

PLANCHE I.

Fig. 1. Empreinte d'un Fruit sur une Pierre des environs d'Œninaue. Fig. 2. Pierre sur la quelle on remarque un Vermisseau de mer pétrifié. Fig. 8. Pierre sur la quelle est l'empreinte d'une feuille. Fig. 4. 5 et 7. Marbres de Florence qui representent des ruines et des vues de Villes. Fig. 6. Dendrite noire qui represente des rangées d'arbres imitant des Paysages.

PLANCHE II.

Fig. 1. Caryophylloïde simple presque Cylindrique, strié longitudinalement, cordé circulairement à etoile de 8. lignes de diametre et qui a plus d'une vingtaine de rayons. Ce fossile nous a été envoyé anciennement par M. le Baron d'Hüpsch, sous le nom de Columnelli lapidei ex ducatu muningensi et se trouve actuellement de même que les morceaux suivans dans le Cabinet d'histoire naturelle de S. Alt. S. Monseigneur le Duc d'Orleans. M. Guettard l'a désigné sous le nom rapporté ici. Fig. 2. Caryophylloïde simple, Conique à pointe un peu courbée, strié longitudinalement à etoile de 8. lignes de diametre et à plus de 40. rayons. Guettard. Fig. 3. Caryophylloïde simple, Conique, recourbé et comme à Collet par le haut, a etoile qui a plus de 30. rayons et 3. lignes de diametre. Guettard. Fig. 5. Caryophylloïde simple conique, recourbé par le haut, strié longitudinalement et à etoile qui a plus de 30. rayons et 4. lignes de diametre. Guettard. Fig. 6. Caryophylloïde simple, conique, strié longitudinalement et à etoile qui a plus de 30. rayons et 3. lignes de diametre. Fig. 7. Caryophylloïde simple, conique, renflé par le milieu, strié longitudinalement et à etoile qui a plus de 30. rayons et 3. lignes de diametre. Guettard. Les 5. derniers Fossiles ont été envoyés par M. le Baron d'Hüpsch sous le nom de Fungitæ striati ex ducatu muningensi ainsi que les deux suivans. Fig. 4. Caryophylloïde simple, conique, strié longitudinalement, cordé circulairement, un peu courbé à la pointe, à etoile de 9. lignes de diametre et qui a plus de 30. rayons. Guettard. Fig. 9. Caryophylloïde simple, conique, strié longitudinalement, cordé circulairement, un peu courbé à la pointe, à etoile de 5. lignes de diametre et qui a une trentaine de rayons. Guettard. Fig. 11. Caryophylloïde simple, presque cylindrique, strié longitudinalement, cordé circulairement, à etoile de 5. lignes de diametre et qui a plus de 20. rayons. Guet. M. le Baron d'Hüpsch lui donne le même nom qu'au Fossile representé dans la Fig. 1re. Fig. 12. Caryophylloïde simple, conique, strié longitudinalement, cordé circulairement à etoile de 15. lignes de diametre et qui a plus de 60. rayons. Guet. Il a été envoyé sous le nom de Fungus stellatus. Fig. 10. Caryophylloïde simple en prisme triangulaire, un peu courbé à la pointe, cannellé circulairement, à etoile d'un pouce dans le plus grand diametre et à plus de 60. rayons. Guet. M. le Baron d'Hüpsch donne ce Fossile pour un des plus rares, il le nomme Pierre à panteufle, Ungulia ex eifoliâ il pretend que c'est un Conchite sans couvercle, nous avons bien examiné celui qui nous a été envoyé et nous n'avons pas remarqué les endroits des charnieres de son couvercle qu'il assure y avoir vu, c'est ce qui nous fait adopter par preférence la phrase qu'en donne M. Guettard. Ce fossile singulier se trouve dans le canton d'Eiffel, qui est en partie dans l'Electorat de Treves et en partie dans la Province meridionale du Duché de Juliers vers le Rhin. Voyez ce que nous en avons dit dans notre ouvrage periodique et dans les memoires de M. Guettard. Fig. 17. Caryophylloïde conique, un peu courbé, strié longitudinalement, cordé circulairement à etoile de 8. à 9. lignes de diametre et qui a plus de 20. rayons. Guettard. Ce Caryophylloïde a été envoyé sous le nom de Fungus ex eifoliâ. Fig. 15. Heliotithe pyriforme, à etoiles d'une demie ligne de diametre, à 12 rayons dispersées entre un nombre d'autres beaucoup plus petites, à 4 ou 6. cotés. Guettard. Fig. 8. portion de l'Heliotithe precedent forcé par la loupe, pour qu'on distinguat les petites etoiles qui bornent la surface superieure de ce fossile. Il nous a été envoyé sous le nom de Tubularia specialis. Fig. 18. Caryophylloïde conique, courbé par la pointe, d'un pouce neuf lignes d'ouverture, strié longitudinalement et qui a un grand nombre de feuillets. Guettard. Voyez ce que dit M. Guettard de ce fossile dans ses memoires imprimés. Fig. 16. Le Caryophylloïde de la Fig. 18. gravé de façon qu'on voit l'interieur de sa cavité et touchant seulement l'empreinte qui s'est moulée dedans. Fig. 13. Caryophylloïde semblable aux deux precedens mais beaucoup plus petit, on remarque dans ce morceau l'empreinte d'un peigne canellé longitudinalement, attaché par le milieu de son bord inferieur à la pierre, qui a enclavé ces differents corps et la portion d'un corps canellé qu'on prendroit pour un morceau de cadre petrifié, il s'en trouve quelque fois qui forment un cadre parfaitement circulaire et qui ont tout l'air d'un cadre petrifié. Fig. 14. Caryophylloïde semblable un peu plus gros que le precedent et à demi enteuré de la pierre ou il a été naturellement enfermé, ces 4. derniers fossiles se trouvent dans le Cabinet de M. de Pavane et ont été trouvé au Nord et hors des murailles de Rochefort entre la bute et l'epreuve aux Canons.

PLANCHE III.

Fig. 1. Zeolithe blanche en Chrystaux prismatiques, disposés par faisceaux convergens du Jemteland en Suede du Cabinet de M. Romé de l'Isle. Fig. 2. Quartz avec des impressions cubiques et blendes chrystallisées de Devonshire en Angleterre du Cabinet de M. Romé de l'Isle. Fig. 3. Un Groupe de Chrystaux de Quartz ou les elemens de la chrystallisation sont très apparens, excepté vers les bords, qui sont plus saillans et assés lisses, du Cabinet de M. Romé de l'Isle ainsi que les morceaux suivans. Fig. 4. Un Groupe en Marcassites en Cubes qui semblent se penetrer l'un et l'autre. Fig. 5. Un Groupe de fausses Amethistes en cubes transparens ou les elemens de la chrystallisation sont bien sensibles venant d'Angleterre. Fig. 6. Albatre vitreux et Amethiste à grandes Zones blanches et violettes, c'est un Spath vitreux de la nature du precedent formé par depost à la maniere des Stalactites d'Angleterre. Fig. 7. Grais chrystallisé, rhomboïdal de Fontainebleau. Fig. 8. Groupe des mêmes Chrystaux de grains rhomboïdaux. Fig. 9. Quartz chrystallisé de la varieté du N.° 3. mais dans le quel les elemens de la chrystallisation sont encore plus sensibles, il est parsemé de Marcassites, sa base est mêlée de Blende noire venant d'Hongrie.

PLANCHE IV.

Fig. 1. Une Tête humaine vue exterieurement, à la quelle manque la Machoire inferieure, revetue d'une incrustation d'Albatre orientale de 5. à 6. lignes d'epaisseur qui a pris le plus beau poli, dans les endroits que cet Albatre a laissé à decouvert, on voit que les Os n'ont point changés de nature; les Dents sont totalement incrustées ce qui n'empeche pas de compter celles qui manquent on ignore ou on a trouvé ce morceau qui est un des plus precieux. Il fait actuellement partie du Cabinet de M. Romé de l'Isle. Fig. 2. La même Tête vue interieurement. Fig. 3. et 4. Petit Crabe petrifié de la Côte de Coromandel vû devant et derriere. Fig. 5. 6. et 7. Petrifications inconnues qu'on prendroit pour un bec d'Oiseau ou pour une dent d'Oursin. Fig. 8. et 9. Autres Crabes petrifiés de la Côte de Coromandel, tous ces morceaux font partie du Cabinet de M. Romé de l'Isle.

PLANCHE V.

Fig. 1. Argent natif en vegetation sous la forme d'un petit arbrisseau, sur une gangue de Spath seleniteux de Wolfach dans la principauté de Furstemberg. Voyez la Description des Mineraux par M. Romé de l'Isle p. 11. N.° 6. Fig. 2. Mine d'argent vitreuse en cubes cellulaires à demi decomposés, de l'interieur des quels naissent plusieurs petites truffes d'Argent vierge en filets contournés de Kingskert à Joachim Usthal en Boheme du Cabinet de M. Romé de l'Isle. Fig. 3. et 4. Petite Truffe d'Argent vierge en filets contournés qui se degagent d'un cube de Mine d'Argent vitreuse, à la base du quel est un peu d'argent vierge capillaire de Kongsberg en Norwege du Cabinet de M. Romé de l'Isle. Fig. 5. Morceau curieux de Mine d'Argent noir, dont l'Argent vierge en vegetation se degage en Chrystaux octaedres implantés les uns sur les autres de Schnéeberg en Saxe. Voyez la description des Mineraux par M. Romé de l'Isle p. 31. n°. 5. Fig. 6. Rubis d'arsenic en Chrystaux prismatiques rouges et transparens, comme des rubis venant de la Solfatara dans le Royaume de Naples, du Cabinet de l'Auteur. Fig. 7. Azur de Cuivre chrystalisé sur du Quartz aussi chrystalisé de Bulach dans le Duché de Virtemberg. Voyez la collection des mineraux par M. Romé de l'Isle. p. 87. n°. 4. Fig. 8. Chrystal de mine d'Argent rouge transparent comme un Rubis venant de S.te Marie aux Mines voyez la description des Miner. p. 41. n°. 10. Fig. 9. Groupe de Chrystaux de mine d'Argent vitreuse en Cubes tronqués d'Himmelsfurst près Freyberg, du Cabinet de M. Romé de l'Isle. Fig. 10. Galene tessulaire à 14 facettes ou en Cube, dont les 8 angles solides sont tronqués, venant de Weyer. Voyez la description des Miner. par M. Romé de l'Isle p. 171. n°. 5. Fig. 11. Mine d'Argent grise en Chrystaux triangulaires, formés par le Tetraedre, dont les bords sont en bizots, venant d'Hongrie. Voyez la description des miner. p. 46. n°. 1. Fig. 12. Malachite mammellonée à Couches concentriques venant de Falkenstein en Tyrol, tiré du Cabinet de M. Romé de l'Isle. Fig. 13. Azur de Cuivre granuleux dans les cavités d'un Spath compacte ou selenite blanc venant de Saalfeld en Thuringe. Voyez la description des Miner. par M. Romé de l'Isle p. 88. n°. 7. Fig. 14. Galene tessulaire à 14 facettes dont les bords sont en bizots sur du Spath vitreux, cubique, venant d'Angleterre. Voyez la Collection des miner. par M. Romé de l'Isle p. 172. n°. 12. Fig. 15. Cuivre natif en grouppe sur du Quartz trouvé à Schemnitz en Hongrie du Cabinet de M. Romé de l'Isle. Fig. 16. Galene tessulaire en Chrystaux octaedres dont les 6 angles solides sont tronqués sur du spath vitreux, cubique, venant d'Angleterre. Voyez la description des mineraux par M. Romé de l'Isle p. 172. n°. 10. Fig. 17. Mine d'Argent en plumes sur un grouppe de Quartz chrystalisé de Freiberg, tiré du Cabinet de M. Romé de l'Isle.

PLANCHE VI.

Grouppe considerable de Cornes d'Ammon trouvé aux environs de Pont amousson, du Cabinet de l'Auteur.

PLANCHE VII.

Fig. 1. Mine de Plomb verd chrystallisé en prismes hexaëdres, terminés par des piramides hexaëdres, tronqués sur une gangue ferrugineuse venant de la Croix en Loraine, Voyez la collection des mineraux par M. Romé de l'Isle p. 186. n°. 1. Fig. 2. Mine de Plomb corné, opaque et chrystallisé sur une gangue ferrugineuse, venant de la Croix. Voyez la description des Mineraux par M. Romé de l'Isle p. 197. n°. 3. Fig. 3. Mine de Plomb blanche et rougeatre sur la quelle est un globule lisse et luisant de mine de Plomb rouge semblable à un grain de Cornaline trouvé à Poulloan en basse Bretagne du Cabinet de M. Romé de l'Isle. Fig. 4. Mine de Plomb blanche, chrystallisée en très fines aiguilles, incrustées d'Azur et de mine de Cuivre, trouvée à Glucke-rade en Hartz. Voyez la description des mineraux p. 191. n°. 9. Fig. 5. Mine de Plomb vert en petits Chrystaux prismatiques ramifiés en forme de dendrites venant de Fribourg en Briscau, du Cabinet de M. Romé de l'Isle. Fig. 6. Mine de Plomb blanche, lamelleuse et rhomboidale de la Basse Bretagne. Voyez la description des mineraux par M. Romé de l'Isle p. 191. n°. 8. Fig. 7. Mine de Plomb rougeatre et grisatre en prismes hexagones très fins qui se ramifient trouvé à Poullaven en Basse Bretagne. Voyez la descrip. des miner. par M. Romé de l'Isle p. 193. n°. 3. Fig. 8. Mine de Plomb terreuse, grise, cellulaire, sous la forme d'un roseau très leger venant de Souabe, du Cabinet de M. Romé de l'Isle. Fig. 9. Mine de Plomb verd mammelloné qui s'etend en forme de mousse, venant de Fribourg en Briscau. Voy. la descrip. des miner. p. 186. n°. 7. Fig. 10. Galene en partie decomposée et à l'etat de mine de Plomb terreuse hepatique formée par couches ou Zones très distinctes trouvé au Bourget à 8. lieue de Chamberry, du Cabinet de M. Romé de l'Isle. Fig. 11. Mine de Plomb noire chrystalisée en prismes hexaëdres, tronqués, dont une partie a passé à l'etat de Galene de Poullaven en Basse Bretagne. Voy. la descrip. des miner. par M. Romé de l'Isle p. 195. n°. 1. Fig. 12. Mine de Plomb verd en Chrystaux prismatiques, hexagones tronqués, épars sur une hematite noire, tirée de la Croix en Lorraine. Voy. la descrip. des miner. p. 186. n°. 2.

PLANCHE VIII.

Fig. 1. Mine de Fer grise, chrystallisée en lames hexagones, posées de champ; et dont les bords sont en bizots sur une gangue quartzeuse, trouvée au Valdajot en Lorraine. Voy. la descrip. des miner. par M. Romé de l'Isle p. 117. n°. 2. Fig. 2. Mine de Fer hepatique en Cubes striés tenant Or, due à une decomposition de Pyrite de même forme, venant de Siberie. Voy. la descrip. des miner. p. 127. n°. 4. Fig. 3. Mine de Fer chrystallisée de l'Isle d'Elbe enveloppée d'un groupe de Chrystaux de roche d'un blanc matte. Voy. la descrip. des miner. par M. Romé de l'Isle p. 119. n°. 8. Fig. 4. Mine de Fer noiratre, disposée par veines dans un quartz bleuatre de Norberg en Suede. Voy. la descrip. des miner. p. 118. n°. 6. Fig. 5. Mine de Fer en lames speculaires, luisantes, comme le plus bel acier poli avec les bords en bizots venant du mont d'Or en Auvergne. Voy. la descrip. des miner. p. 117. n°. 1. Fig. 6. Mine de Cuivre verte soyeuse ou satinée sur de l'Ochre martiale due à la decomposition d'une mine de Cuivre jaune de Voigtland. Voy. la descrip. des miner. p. 91. n°. 2. Fig. 7. Hematite noire, hemispherique et protuberancée de Vit-de-Sauke près de Pamiers dans le Comté de Foix. Voy. la descrip. des miner. p. 134. n°. 9. Fig. 8. Mine de Fer Spathique blanche en Chrystaux lenticulaires comme les Spaths dits en crête de Coq de Baigorry en Basse Navarre. Voy. la descrip. des miner. p. 146. n°. 4. Fig. 9. Hematite ou Sanguine formant un faiseau d'Aiguilles coniques plus ou moins saillantes, trouvée à Ribeneck en Saxe du Cabinet de M. Romé de l'Isle. Fig. 10. Spath selenitaux en Cable, dont les bords sont en bizots, grouppé avec Marcassites et Mine de Fer spathique en globule sur une druse de quartz venant de Hartz du Cabinet de M. Romé de l'Isle.

PLANCHE IX.

Fig. 1. Huitre du genre des Rateaux trouvé aux environs de l'Isle de Ré. Fig. 2. le dessous d'une Huitre faite en forme de Soleil, morceau très rare. Fig. 4. une extremité de la partie du dessous de la même Huitre. Fig. 5. Les deux Valves vues en dessus, ouvertes pour en voir l'interieur. Fig. 3. une Came d'une espece boutonnée. Fig. 6. un Peigne. Fig. 7. Le Noyau d'une Vis, un petit Limaçon avec un peigne trouvé à Rochefort à la butte. Fig. 8. Fossile approchant de la forme d'une Poulette. Fig. 9. Moule à Volute fort rare, trouvée à la butte de Rochefort. Fig. 10. Huitre ornée de Glands de Mer. Tous ces differens Fossiles se trouvent dans le Cabinet de M. de Favane.

PLANCHE X.

Fig. 1. Cinquieme Dent molaire d'Elephant petrifiée trouvée aux environs de Dieulouard entre Pont Amousson et Nancy. Fig. 2. Peigne fossile d'un grain très fin trouvé dans le même endroit de même que les suivans. Fig. 3. Limaçon de Mer tuberculé, petrifié. Fig. 4. Came petrifiée. Fig. 5. Petite Moule fossile. tous ces morceaux se trouvent dans le Cabinet de l'Auteur.

Pl. I. *Decad. 4.*

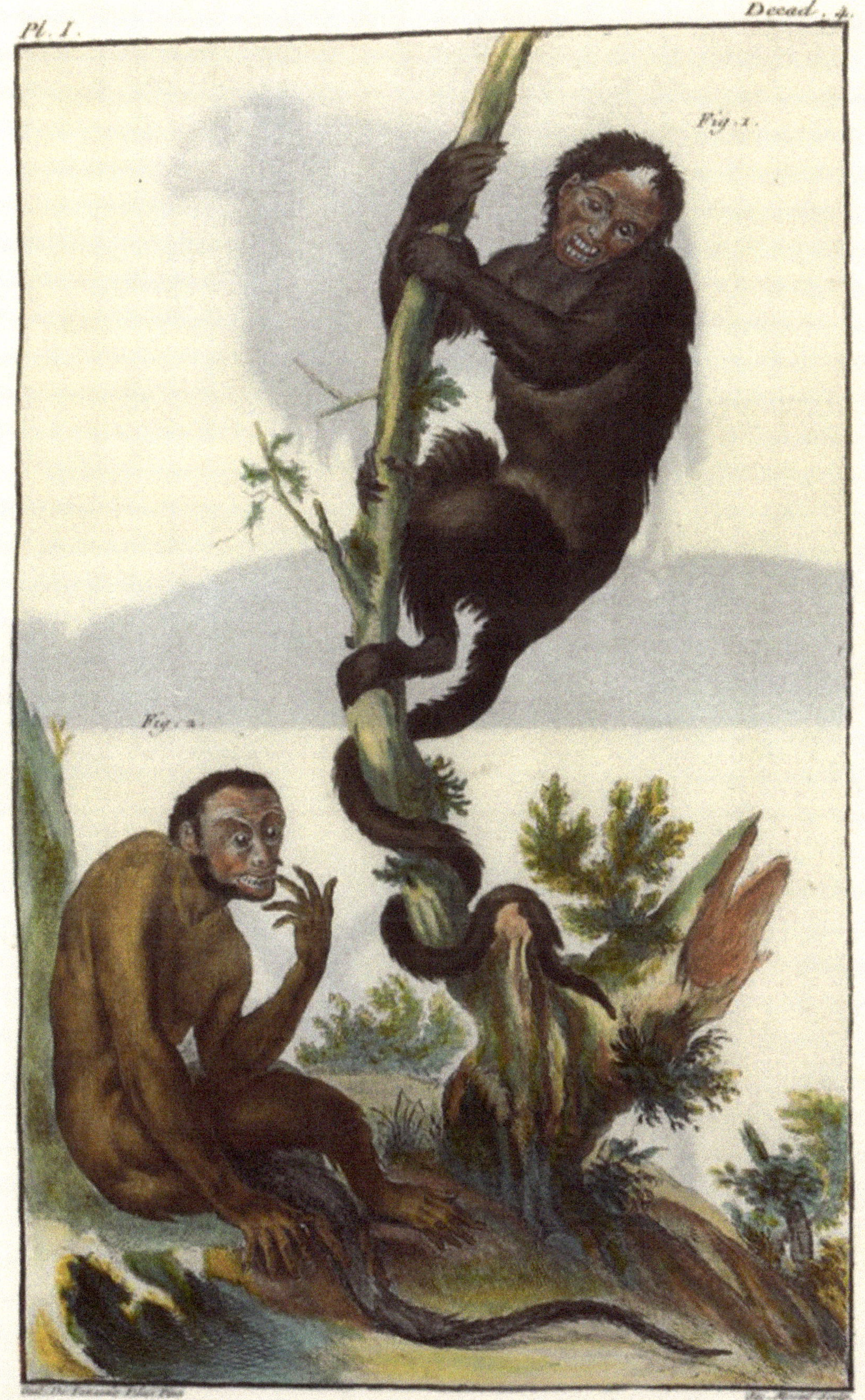

Fig. 1.

Fig. 2.

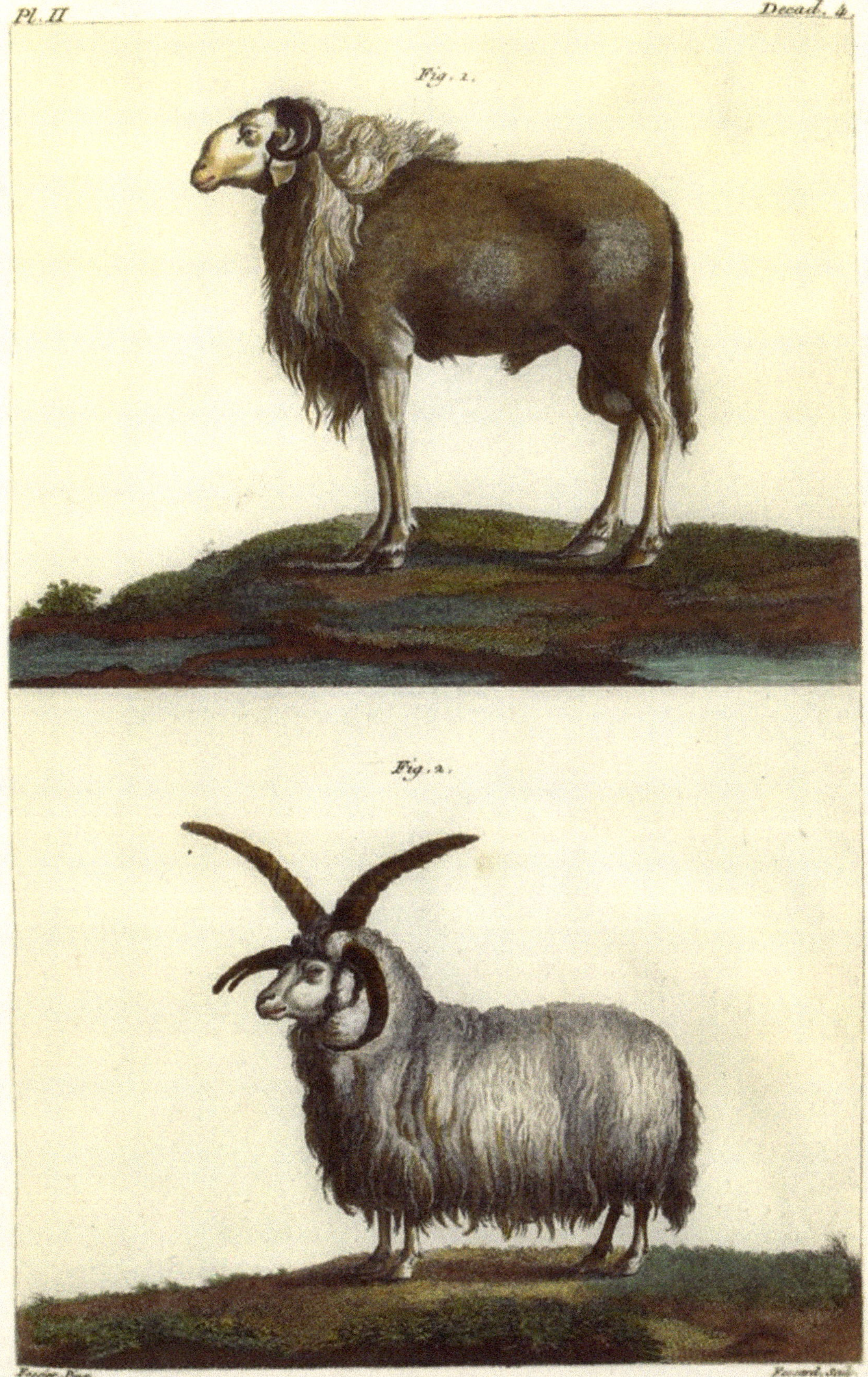

Fossier Pinx. Fessard. Sculp.

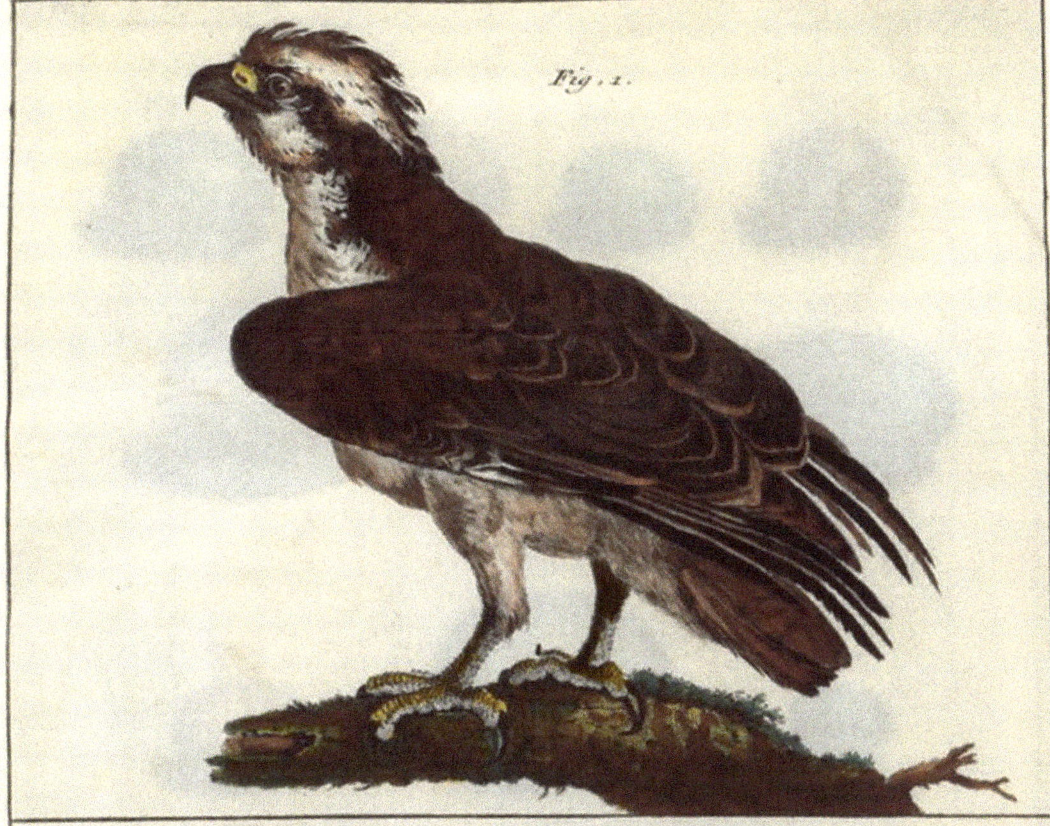

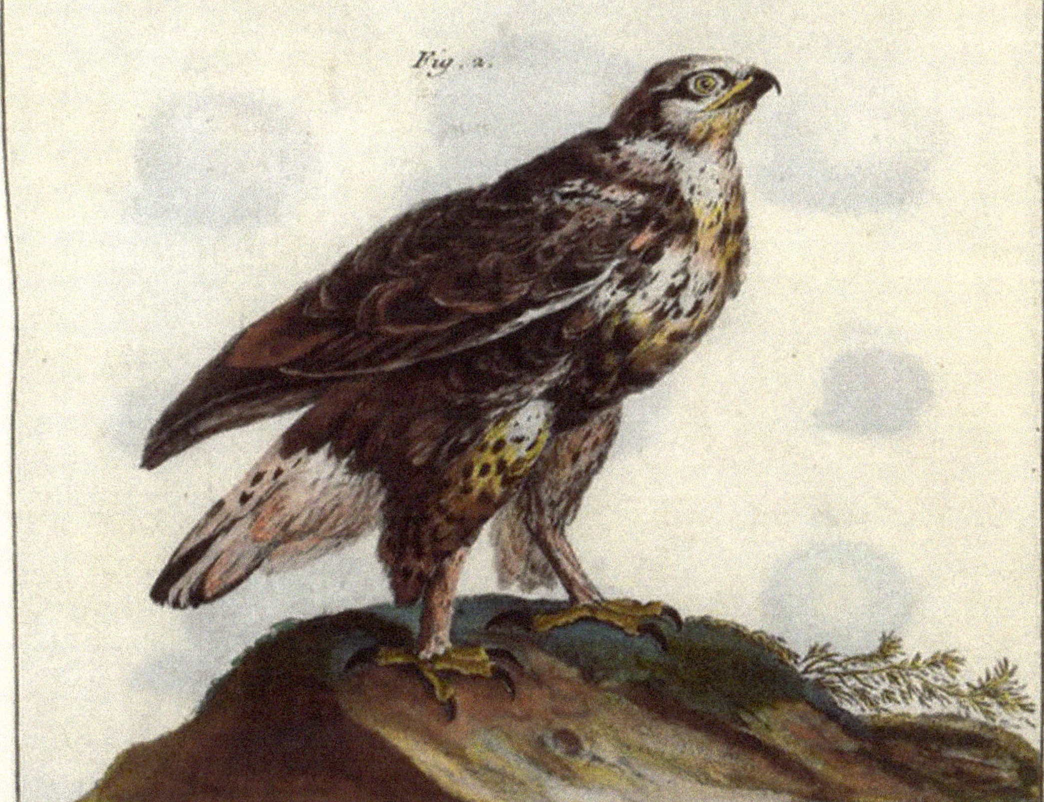

Desmoulins, Pinx. Vangelisti, Sculp.

Fig. 1. *Fig. 2.* *Fig. 3.* *Fig. 4.*

Fig. 5. *Fig. 6.* *Fig. 7.*

Fig. 8. *Fig. 9* *Fig. 10.*

Fig. 11 *Fig. 12.* *Fig. 13.*

Fig. 14. *Fig. 15.* *Fig. 16.* *Fig. 17.*

Fig. 18. *Fig. 19.* *Fig. 20.*

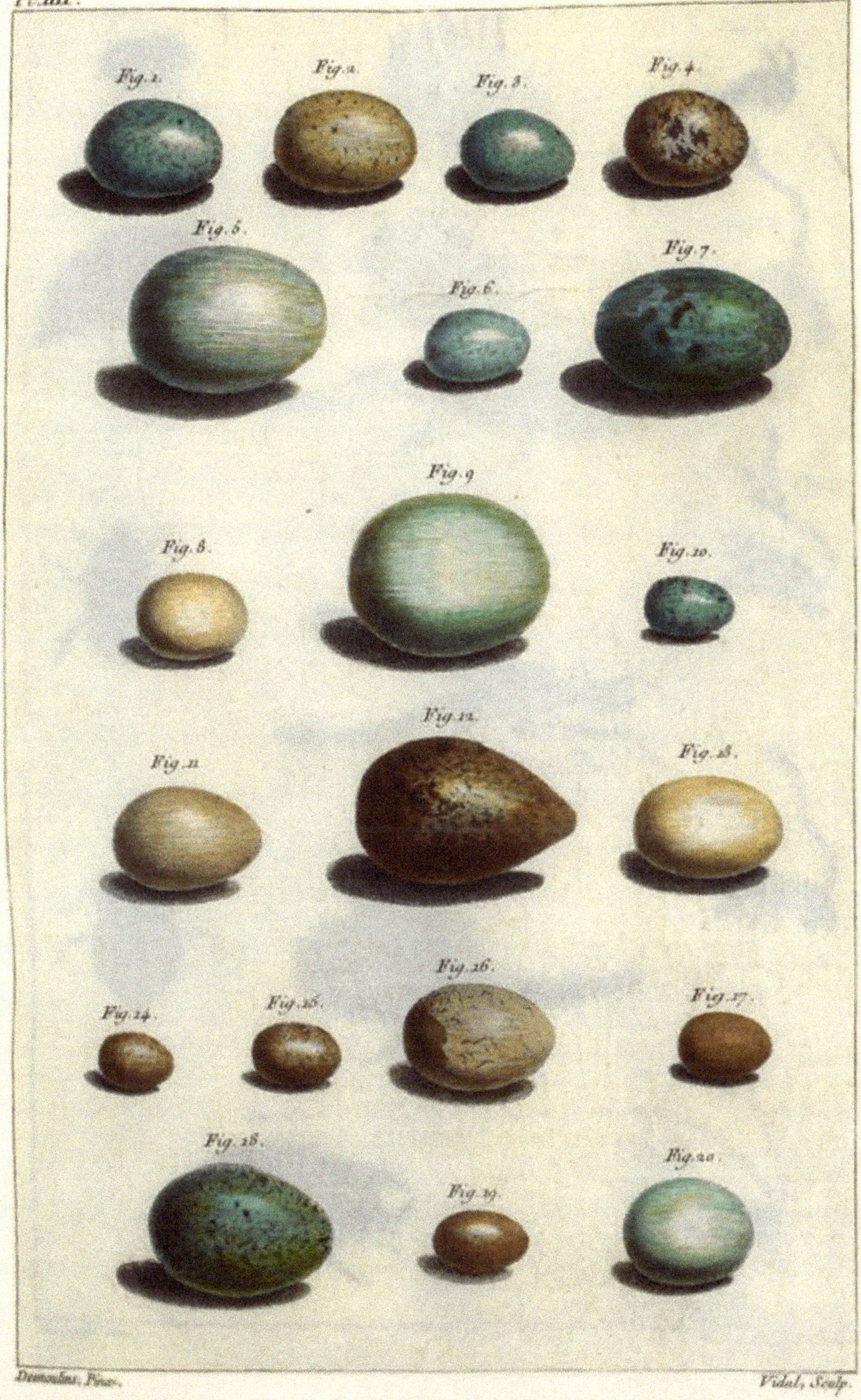

Desmoulins, Pinx. *Vidal, Sculp.*

Pl. V. Decad. 4.

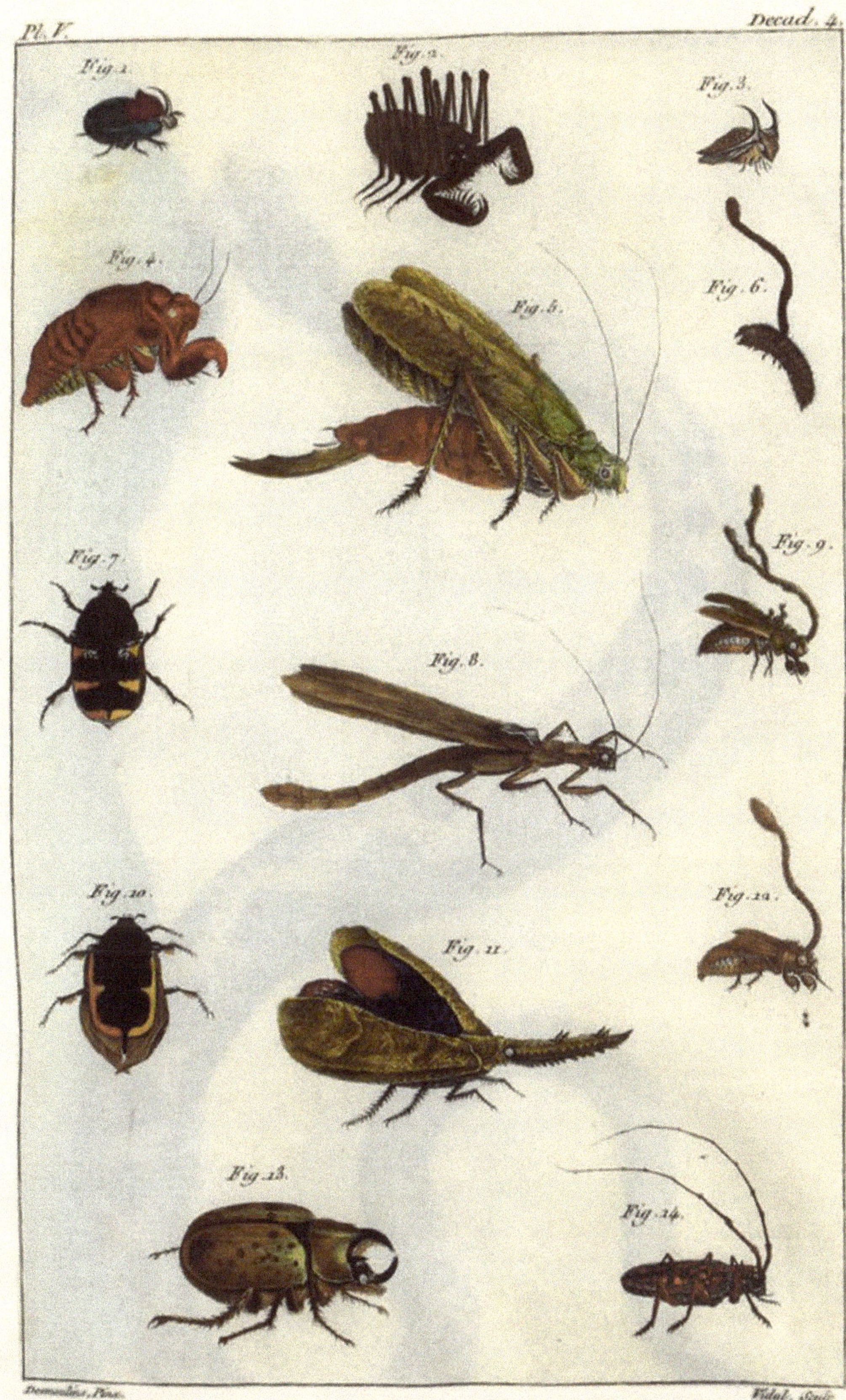

Desmoulins, Pinx. Vidal, Sculp.

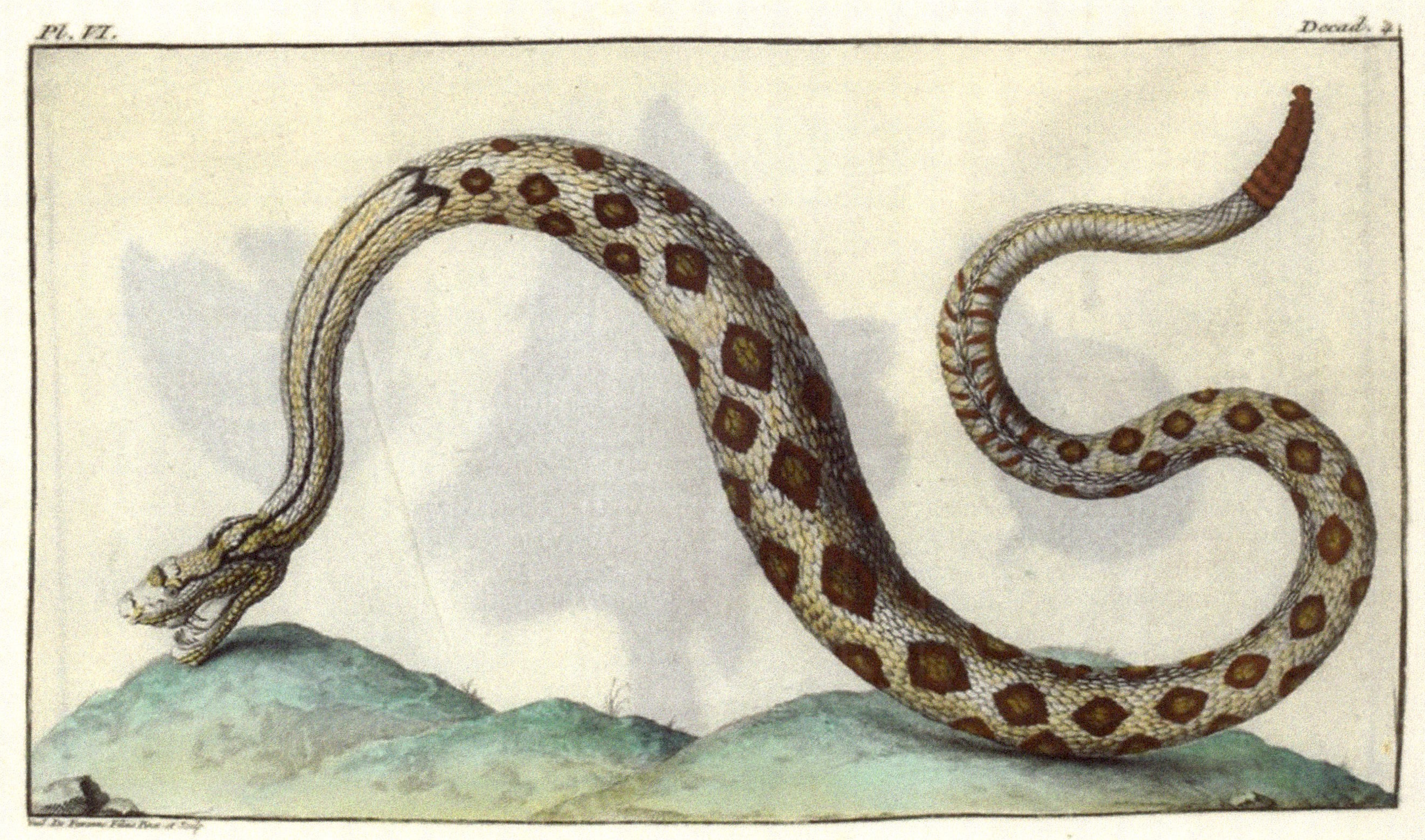
Pl. VI.
Decad. 2

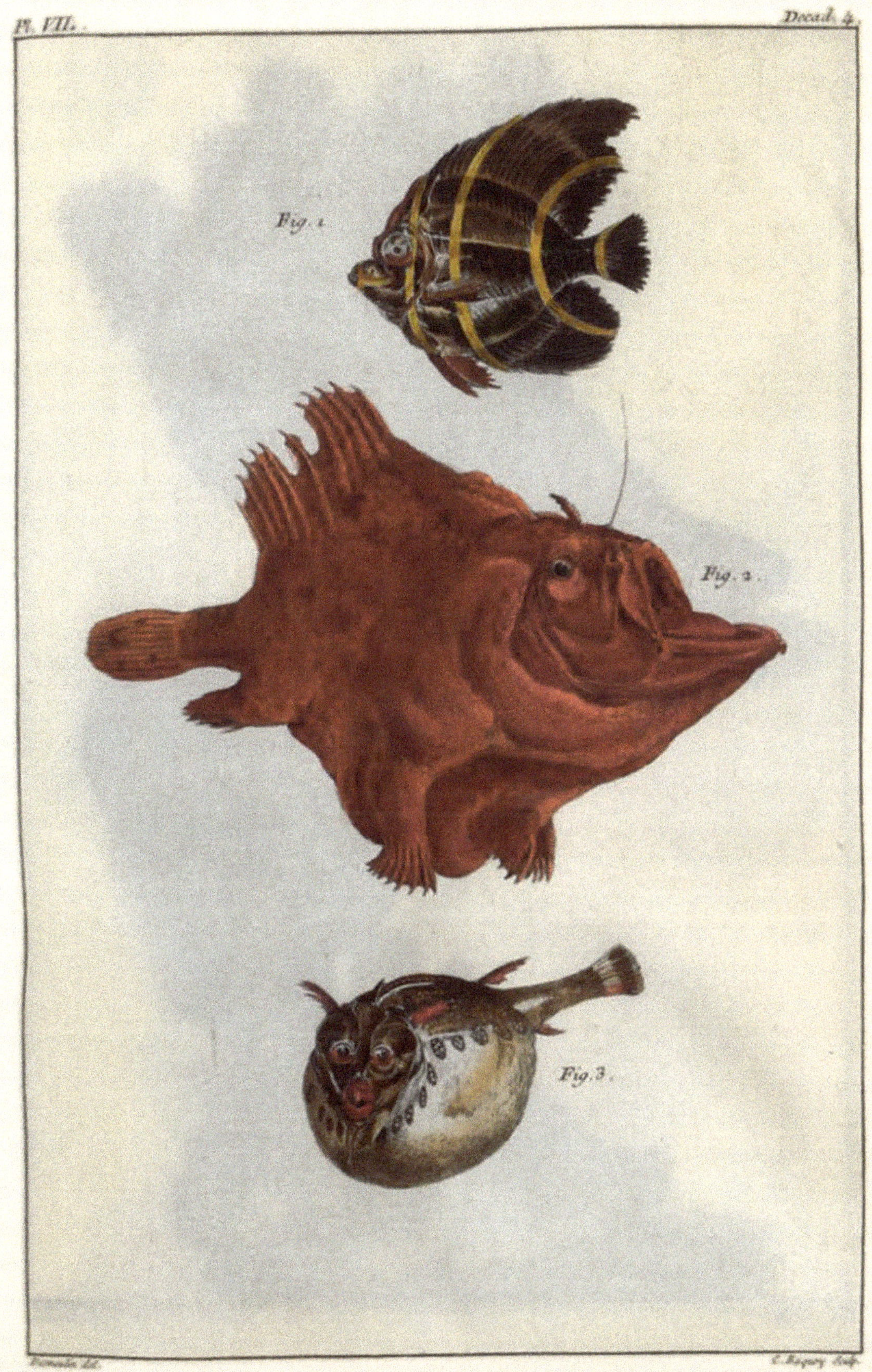
Fig. 1
Fig. 2.
Fig. 3.

Pl. VIII. Decad. 4.

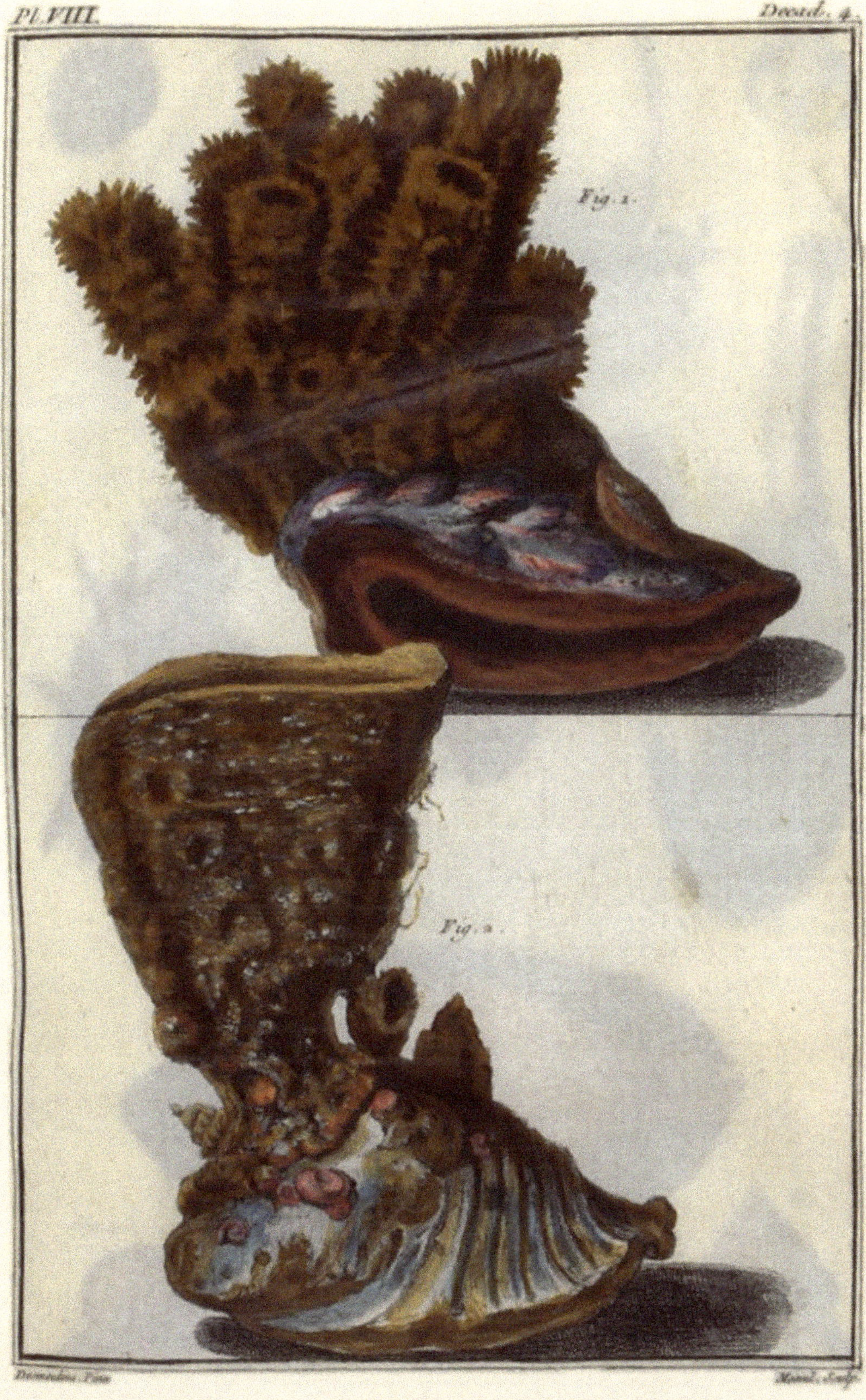

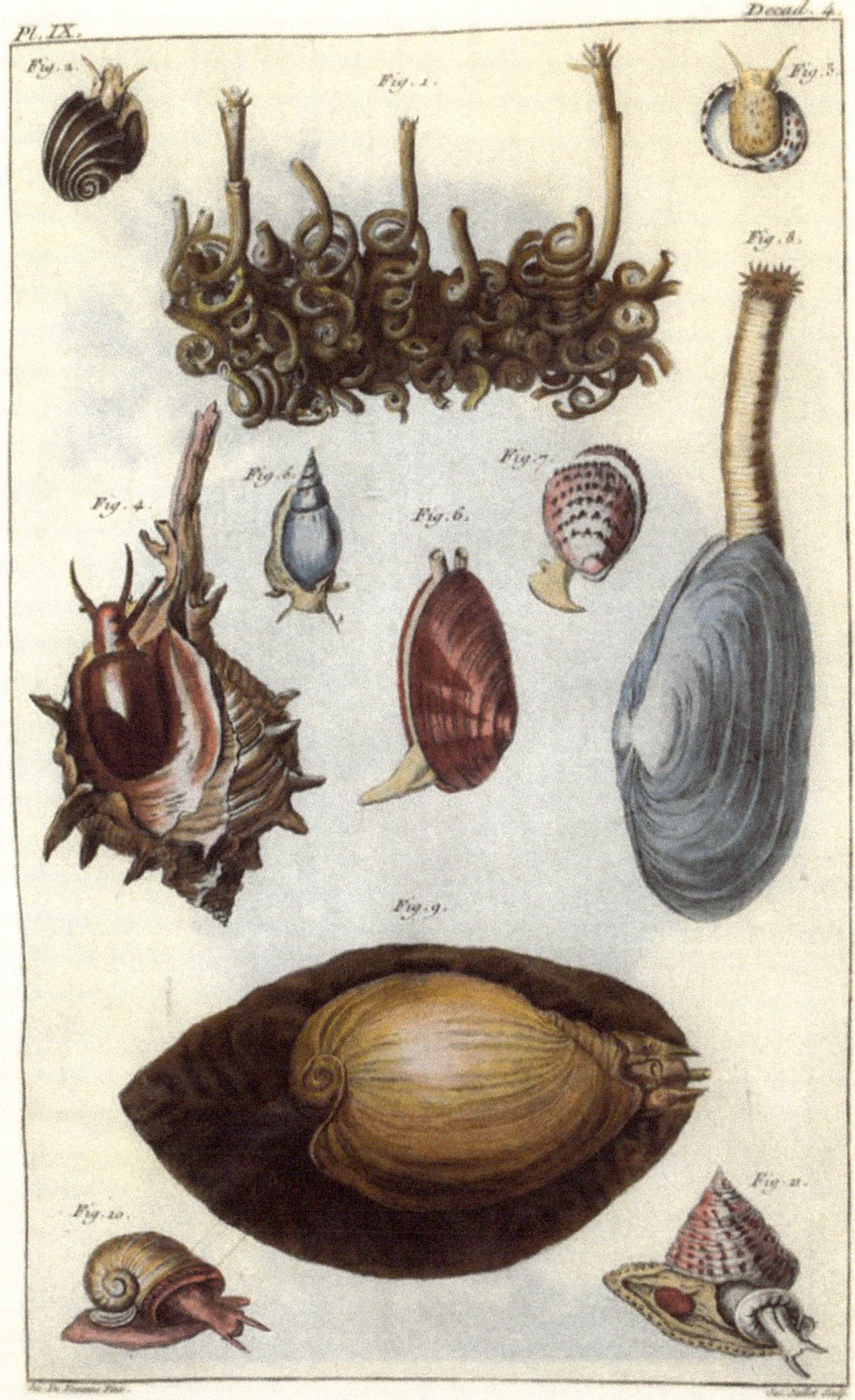
Pl. IX.
Decad. 4.
Fig. 2.
Fig. 1.
Fig. 3.
Fig. 8.
Fig. 4.
Fig. 6.
Fig. 7.
Fig. 6.
Fig. 9.
Fig. 10.
Fig. 11.

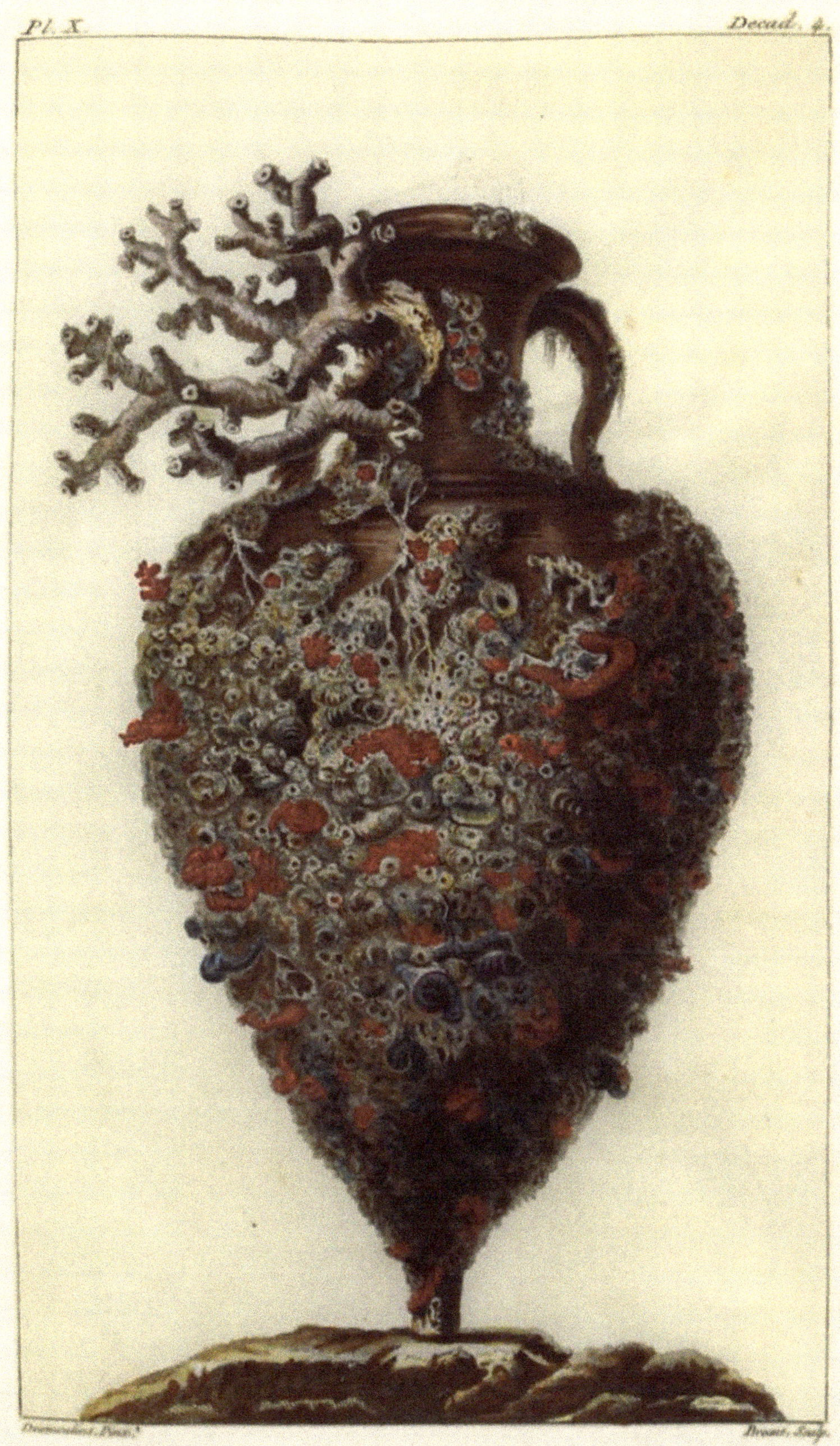

Pinx. *Sculp.*

EXPLICATION DES PLANCHES

de la 4.e Decade.

PLANCHE I.

Fig. 1. Singe Americain à longue queue connu par les Naturels du pays sous le nom de Quatto et par les Hollandois sous ceux de Bosch-duival, Slinger-aapi, c'est à dire, Diable des Bois, Singe voltigeur, il vient de Surinam et a été decrit par M.r Vosmaer, qui n'est pas tout à fait du sentiment de M.r de Buffon au sujet de cet Animal. Fig. 2. Singe Voltigeur Americain surnommé le Sifleur, connu à Surinam sous le nom de Meckoé et decrit par M.r Vosmaër.

PLANCHE II.

Fig. 1. Belier de Guinée, il est plus haut sur ses jambes que le Belier d'Europe, il n'a point de laine, mais un poil de Chien assez court, doux et fin, il porte de longs Crins, qui pendent quelquefois jusqu'à terre et qui lui couvrent le cou depuis les Epaules jusqu'aux Oreilles, ses Oreilles sont pendantes et ses Cornes sont noueuses assez courtes, pointues et tournées en avant; celui qui nous en a doñé la figure pour inserer dans cette Collection, l'a nommé Belier de Chine ou Morvant. Fig. 2. Belier d'Islande à 5. Cornes. Ces deux Beliers ont été montrés à Paris sur les Boulevards en 1774.

PLANCHE III.

Fig. 1. Aigle de Mer. Fig. 2. espece d'Aigle que les Chasseurs tuent quelque fois pendant l'hiver aux environs de Paris et que nous nommerons pour cette raison Aigle de France, cet Oiseau ne paroit pas encor decrit par les Auteurs; nous tacherons de le faire dans notre Histoire naturelle et Œconomique des trois regnes; ces 2 Oiseaux sont tirés du Cabinet de M. Desmoulins un des Dessinateurs de cet Ouvrage.

PLANCHE IV.

Fig. 1. Œuf de Pie. Fig. 2. Œuf de Ralle à long bec. Fig. 3. Œuf de Merle. Fig. 4. Œuf de Caille. Fig. 5. Œuf de Faisan. Fig. 6. Œuf de Grive. Fig. 7. Œuf de gros Corbeau. Fig. 8. Œuf de Tourterelle. Fig. 9. Œuf de Faucon ou d'Epervier. Fig. 10. Œuf de Verdier. Fig. 11. Œuf de Perdrix. Fig. 12. Œuf de Vanneau. Fig. 13. Œuf de Pigeon ramier. Fig. 14. Œuf de Hochequeue. Fig. 15. Œuf d'Allouette des Bois. Fig. 16. Œuf de Coucou. Fig. 17. Œuf d'Allouette des Bois huppée. Fig. 18. Œuf de Corneille vulgaire. Fig. 19. Œuf d'Arcanette. Fig. 20. Œuf de Chevêche. Le tout tiré du Cabinet de M.r Fayolle Commis de la marine à Versailles.

PLANCHE V.

Fig. 1. Scarabé pilulaire d'Amerique connu dans le sisteme de Liñeus sous le nom de Scarabeus carnifex; du Cabinet de M.r Fayolle Commis de la marine. Fig. 2. Scorpion de la Cayenne du même Cabinet. Fig. 3. et 4. deux differentes especes de Chrysalides de la Cayenne, tirés du même Cabinet. Fig. 5. Sauterelle à Sabre de la Cayenne. Fig. 7 et 10. deux Scarabées velours de la Cayenne. Fig. 8. Mante de la Cayenne. Fig. 11. Porte-scie connue par quelques Auteurs sous le nom de Porte-lanterne. Fig. 14. Capricorne de la Cayenne à fond cendré et points rougeatres. Fig. 13. Scarabé de l'Amerique meridionale, verdatre, taché de noir, à Corne nasale, approchant du Taureau volant. Fig. 6. Chenille Vegetale de la Martinique. Fig. 9. et 12. Mouche vegetale de la Dominique, le tout tiré du Cabinet de M.r Fayolle.

PLANCHE VI.

Serpent à Sonnettes, le plus dangereux de tous les Animaux de son genre.

PLANCHE VII.

Fig. 1. le Rhomboïte de Cayenne decrit dans Klein. Fig. 2. le Guaperva du Bresil selon Margrave et decrit dans Willugby. p. 190. Fig. 3. une espece d'Orbis. le tout tiré du Cabinet de M.r Fayolle.

PLANCHE VIII.

Fig. 1. Coquille connue sous le nom de Rocher, sur lequel s'est formé une Eponge en forme de tuyau. Fig. 2. autre Rocher sur lequel s'est pareillement formé une Eponge en forme de Verre à boire, tiré du Cabinet de M.r Fayolle.

PLANCHE IX.

Fig. 2 et 3. Nerite vue de deux sens differens avec son Animal. Fig. 1. Vermisseaux marins. Fig. 4. Massue d'Hercule avec son Animal. Fig. 5. Buccin avec son Animal. Fig. 6. Telline avec son Animal. Fig. 8. Came nommée Patagon avec son Animal. Fig. 7. la Coquille ridée connue dans le voyage du Senegal sous le nom de Jatteron avec son Animal. Fig. 12. Tonne avec son Animal. Fig. 10. Limaçon à Bouche à demie ronde avec son Animal, connu à la Rochelle sous le nom de Sablon. Fig. 11. le Sabot avec son Animal.

PLANCHE X.

Urne antique de deux Pieds et demi de haut sur quinze Pouces de large, couverte de Vermisseaux marins sur une anse de la quelle on remarque un beau Madrepore oculé, tiré du Cabinet de feu M.r Villiez Juge Consul de Lorraine et Barrois.

Nota. Cette Collection devient de plus en plus curieuse par les morceaux interessans que nous fournissent journellement les amateurs, nous les invitons de vouloir bien continuer de former des richesses de leurs Cabinets, nous ne cesserons de leurs en marquer notre reconnoissance. Ce 4.e Cahier sera suivi incessamment d'un 5.e faisant la suite du 2.d et representant de même les Plantes Botaniques de la Chine, le 6.e sera destiné aux Minéraux de même qu'est le 3.e et ainsi de suite de regne en regne. Le prix de chaque Cahier est de 30.tt

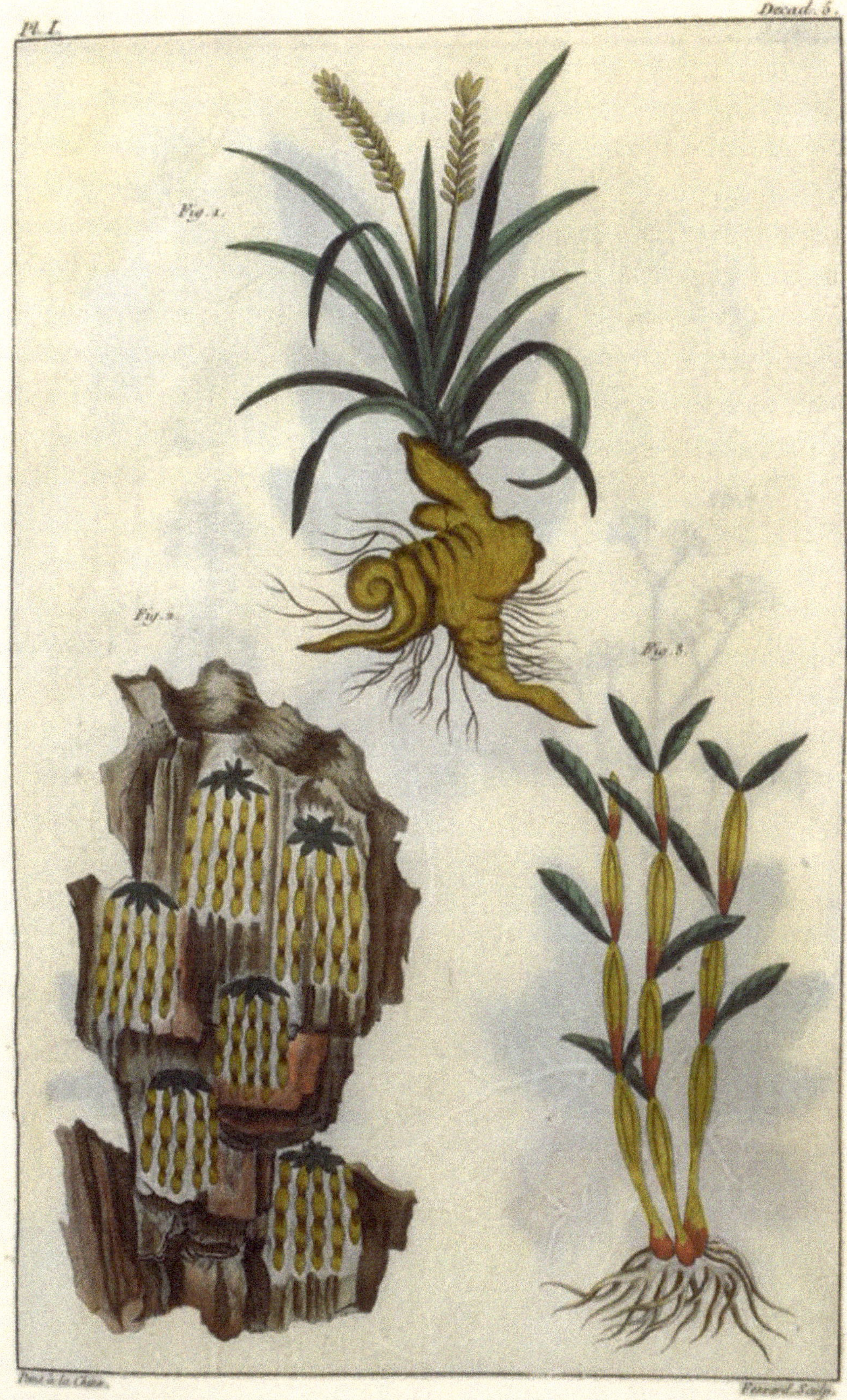

Peint à la Chine. Fessard Sculp.

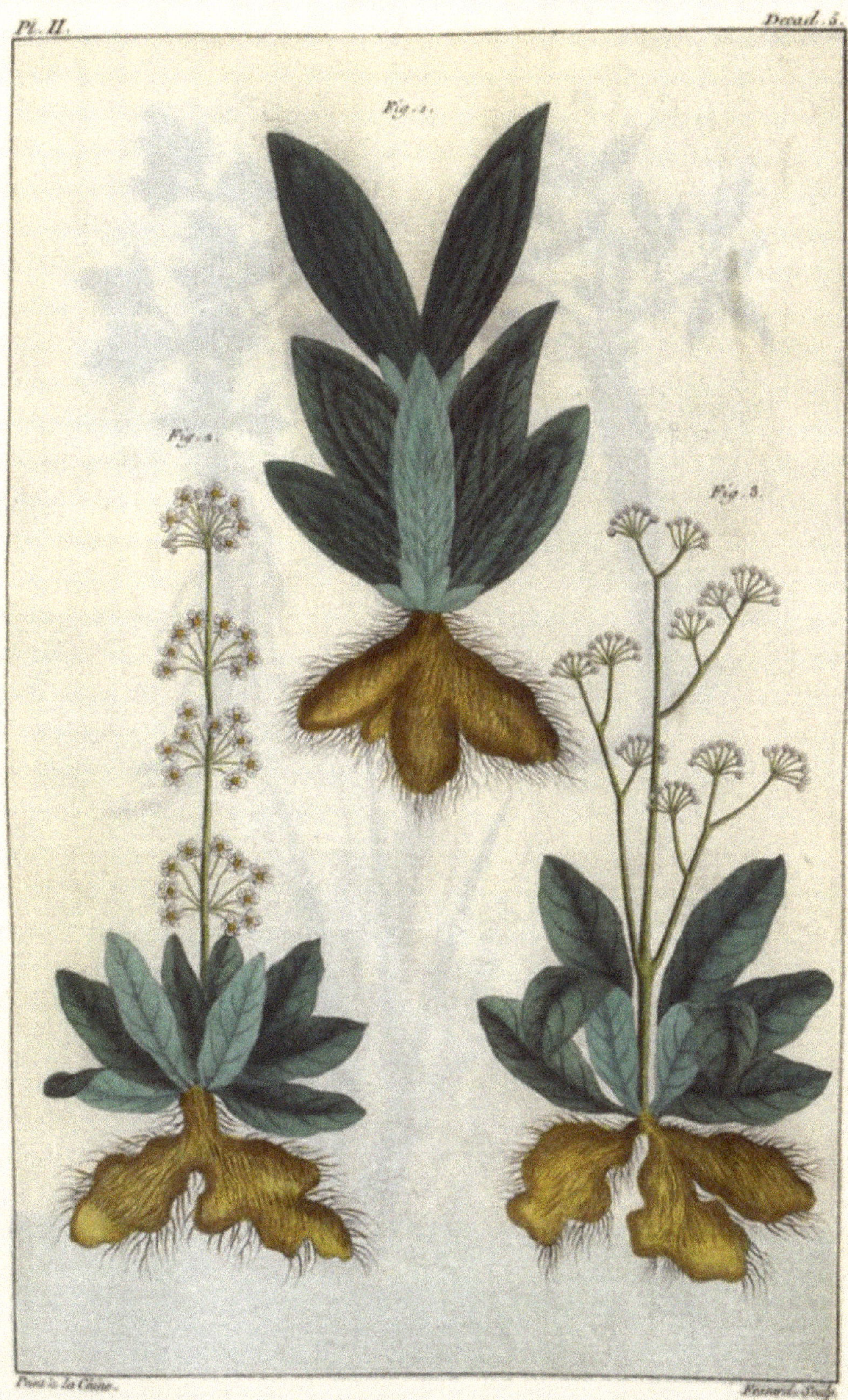
Pl. II.
Decad. 5.
Fig. 1.
Fig. 2.
Fig. 3.
Peint à la Chine.
Fessard Sculp.

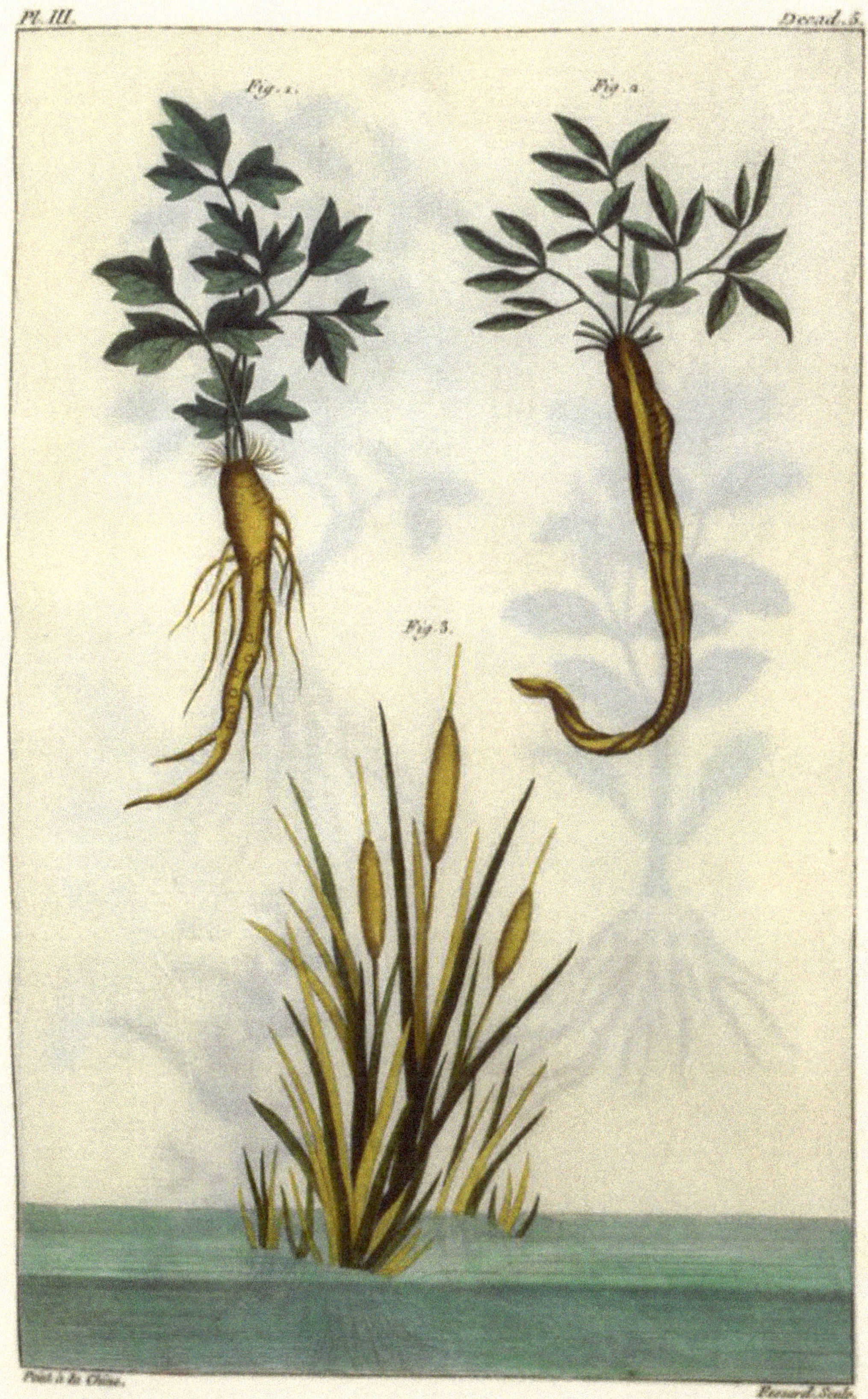

Peint à la Chine. Fessard. Sculp.

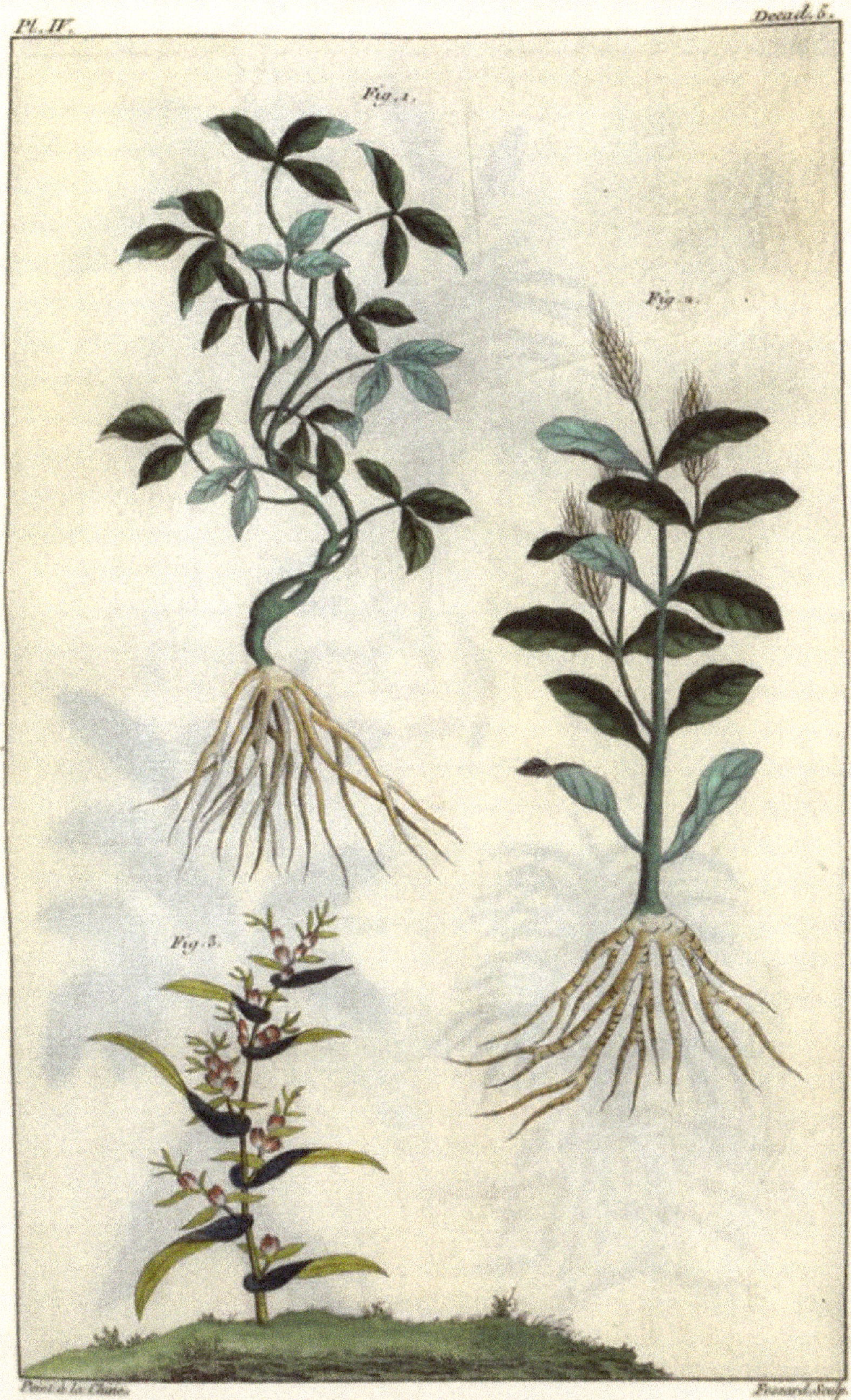
Pl. IV.
Decad. 5.
Fig. 1.
Fig. 2.
Fig. 3.
Peint à la Chine.
Fossard Sculp.

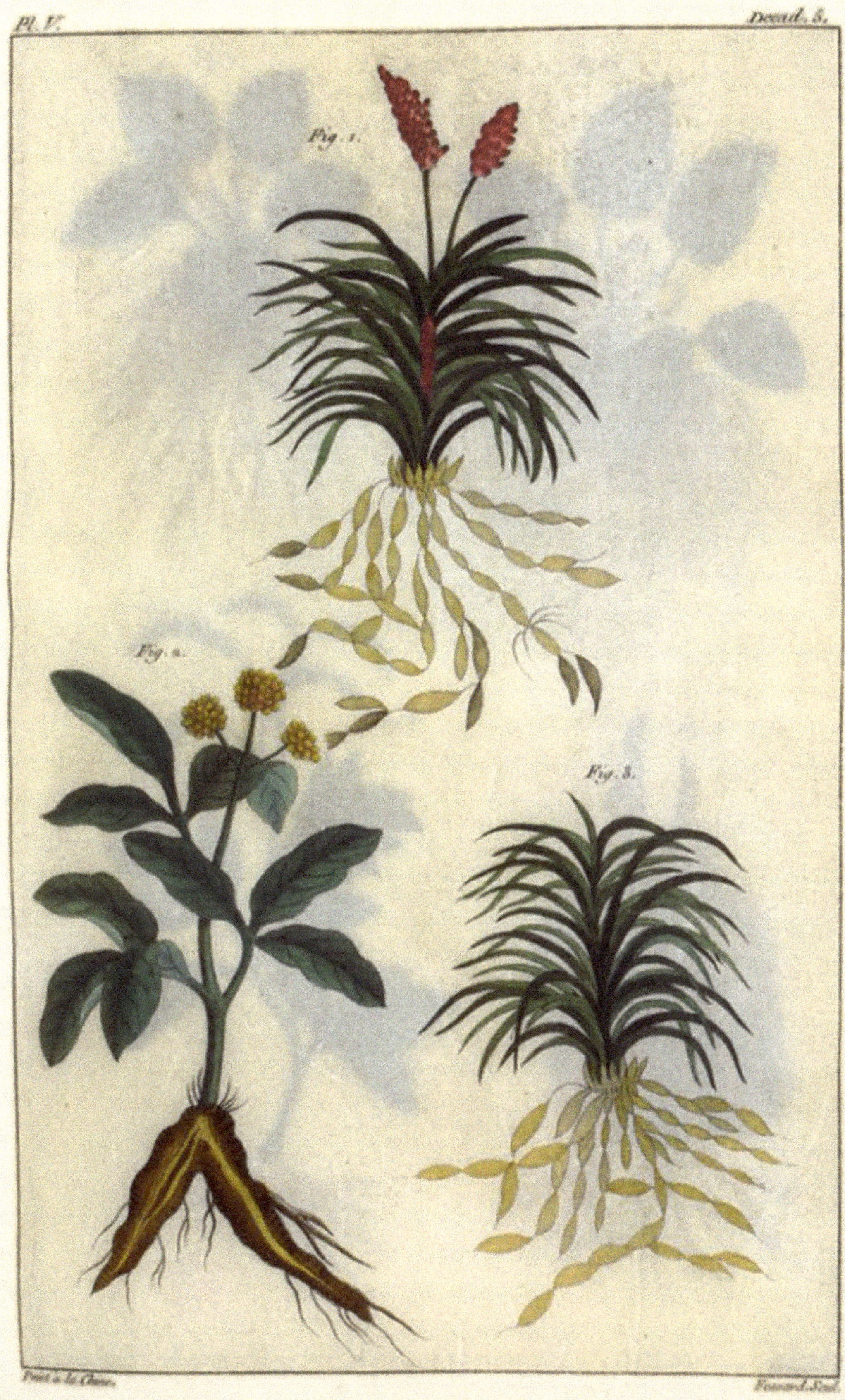

Peint à la Chine. Fossard. Sculp.

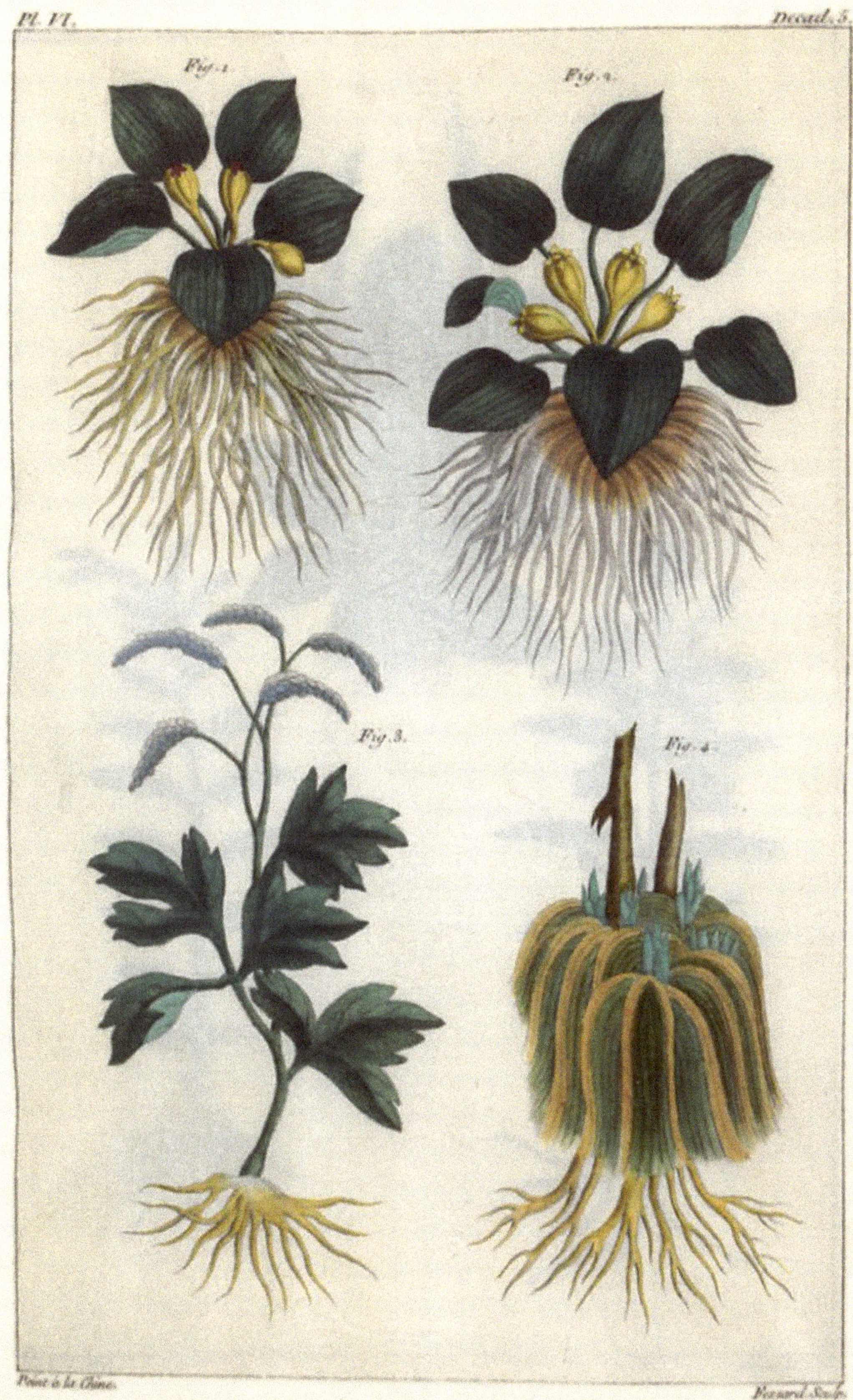
Pl. VI.
Decad. 5.
Fig. 1.
Fig. 2.
Fig. 3.
Fig. 4.
Peint à la Chine.

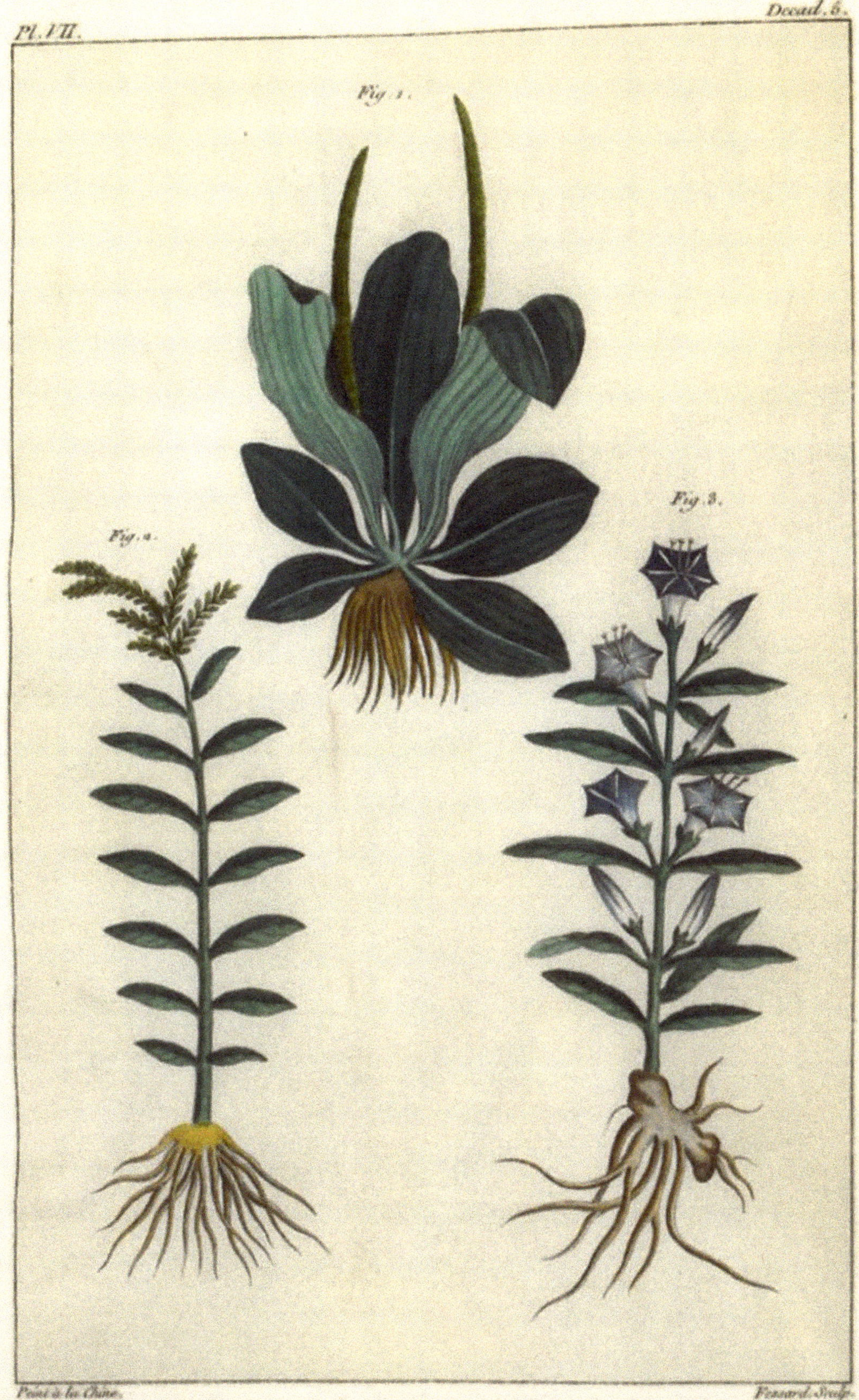

Peint à la Chine.

Fessard Sculp.

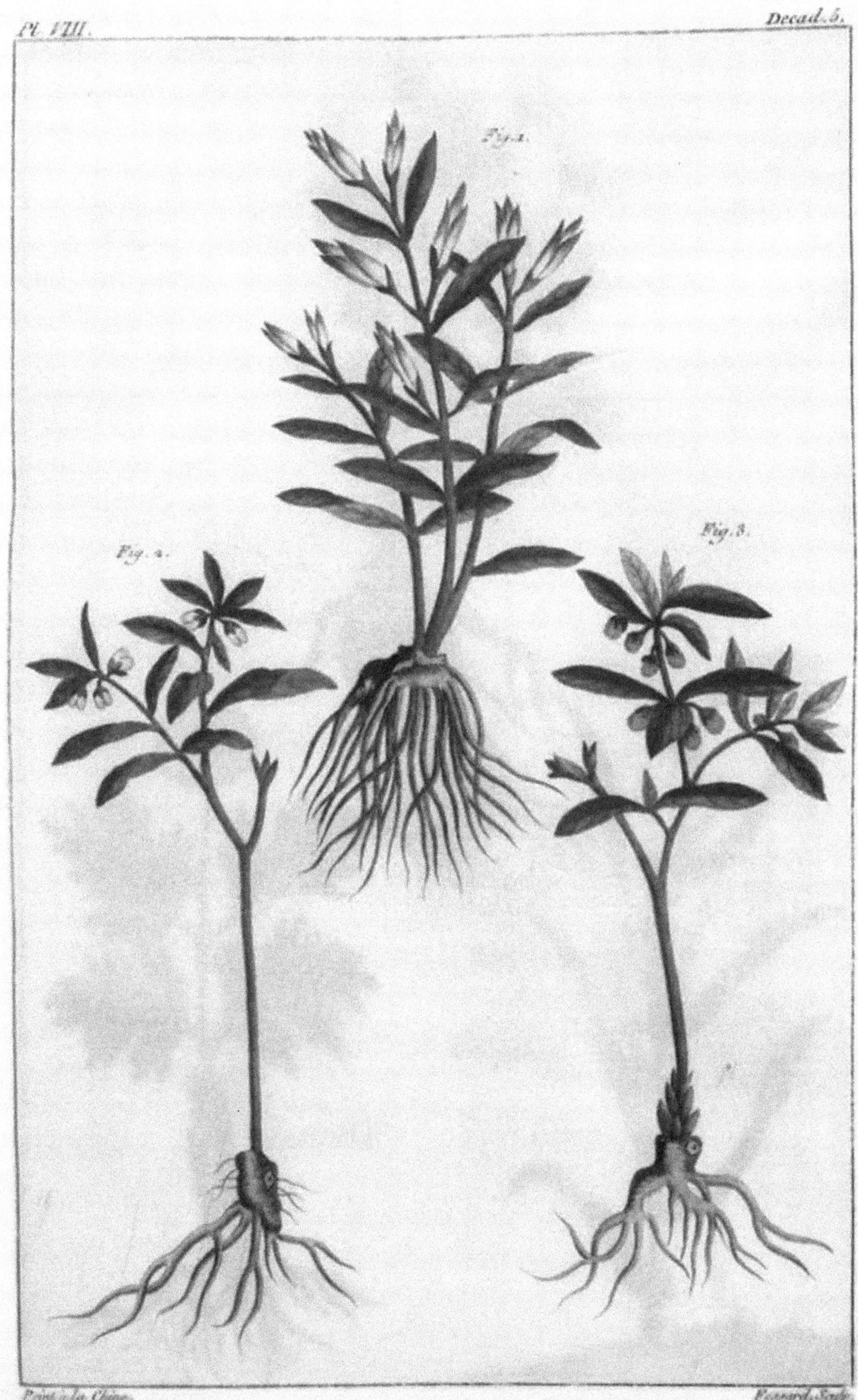

Peint à la Chine. Fossard Sculp.

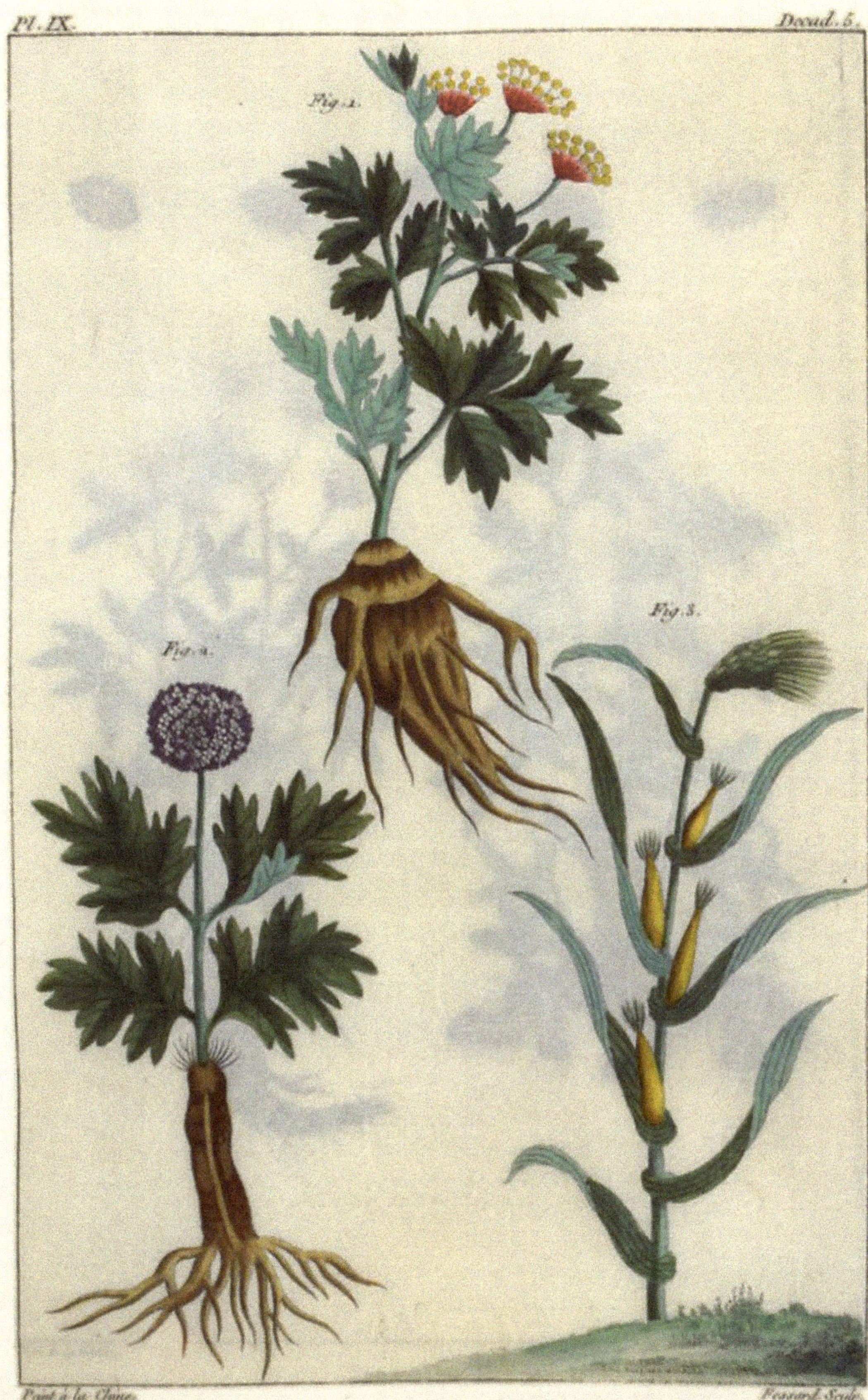
Pl. IX.
Decad. 5.
Fig. 1.
Fig. 2.
Fig. 3.
Peint à la Chine.
Fessard Sculp.

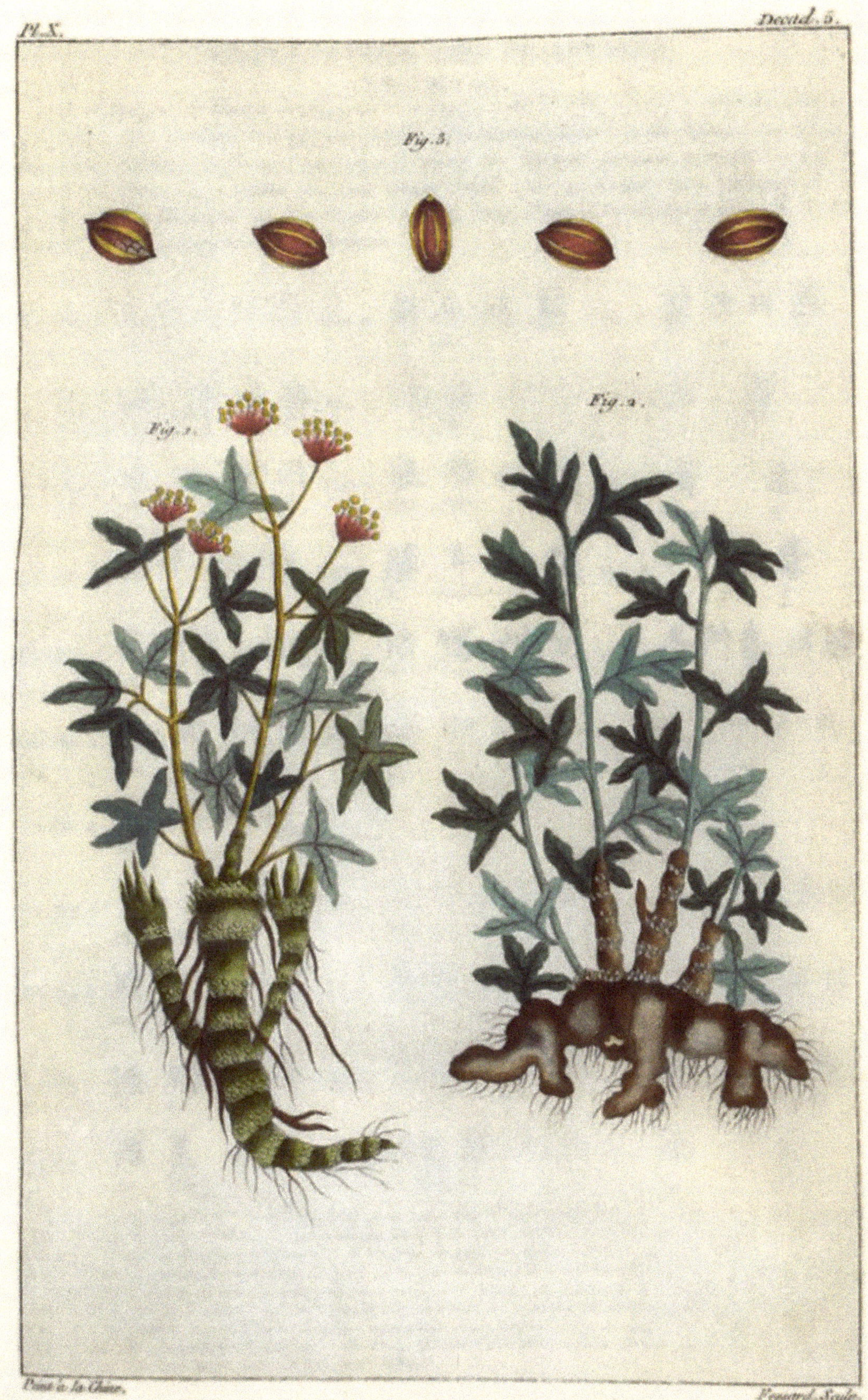

Peint à la Chine. Fessard Sculp.

EXPLICATION DES PLANCHES

de la 5.e Decade.

Cette Collection de Plantes medicinales et botaniques de la Chine jointe à celle des Fleurs qu'on cultive dans cet Empire et que nous publions actuellement chez Lacombe Libraire rue Christine, formera la Collection la plus precieuse et pour mieux dire l'unique que nous ayons sur le regne Vegetal de la Chine, nous n'entrons ici dans aucun detail sur ces Plantes nous reservant de les caractheriser en Botaniste et d'en traiter tout au long dans notre Histoire generale et Œconomique des trois Regnes de la Nature.

Pl.	Fig. 1	Fig. 2	Fig. 3
Pl. 1	天戟巴州滁 (Tien ki pa)	斛石州春 (hô che)	斛石州温 (hô che)
Pl. 2	瀉澤州齊 (Sie Tche)	瀉澤州邢 (Sie Tche)	瀉 澤 (Sie Tche)
Pl. 3	風防州同 (fong fang)	風防州齊 (fong fang)	黄 蒲 (hoang pê)
Pl. 4	膝牛州歸 (Si nieô)	膝牛州懷 (Si nieô)	仁苡薏 (gin y y)
Pl. 5	冬門麥州隨 (Tong men mai)	活獨州文 (ho tŏ)	冬門麥州睦 (tong men mai)
Pl. 6	辛細州信 (Sin Si)	辛細州華 (Sin Si)	麻升州茂 (ma ching)
et Fig. 4	麻升州漢 (ma ching)		
Pl. 7	子前車 (Tse Tsien Tche)	辛細軍嵐寺 (Sin Si)	膽龍草軍陽信 (Tan long Tsaô)
Pl. 8	膽龍草州襄 (Tan Long Tsaô)	膽龍草州沂 (Tan Long Tsaô)	膽龍草州睦 (Tan Long Tsaô)
Pl. 9	活獨州茂 (ho tŏ)	活獨府翔鳳 (ho tŏ)	草苡薏 (Tsaô y y)
Pl. 10	活羌州文 (ho Kiang)	活羌軍化寧 (ho Kiang)	果 草 (Kuo Tsaô)

Nota. Ce Cahier qui forme le 5.e de la Collection sera suivi d'un 6.e sur les mineraux, qui paroitra au 1.er avril prochain et ainsi de suite de regne en regne, et regulierement de 3 mois en 3 mois. la Collection complette sera de 30 Cahiers et formera 3 Centuries divisées pareillement en 3 Volumes. le prix de chaque Cahier est de 30 livres on a grand soin d'y inserer la gravure des morceaux les plus rares, qui se trouvent dans les Cabinets des amateurs la plupart s'y pretent de la façon la plus honête; plusieurs même ont envoyé genereusement des desseins peints à l'auteur, aussi saisira t'il toutes les occasions, qui se presenteront pour leur en marquer sa reconnoissance, tant en son nom, qu'au nom du public. La Collection sera finie totalement pour l'année 1789 et quand même l'auteur mourreroit avant ce temps rien n'empechera de poursuivre son plan, d'ailleurs il n'exige aucune avance du public et il lui en facilite l'achat en divisant ainsi cet ouvrage par Cahier

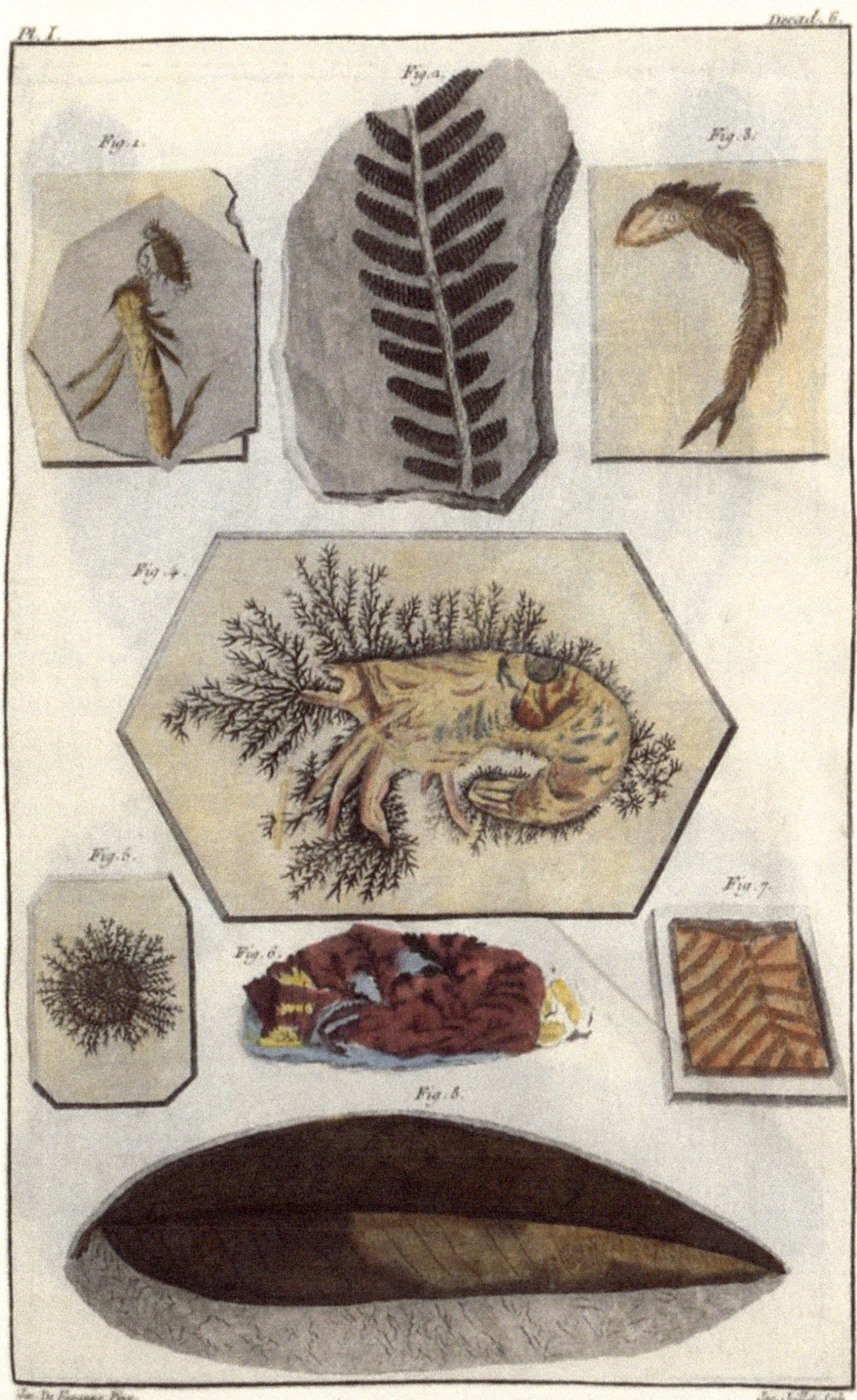

Jac. De Favanne Pinx. Jac. Juillet Sculp.

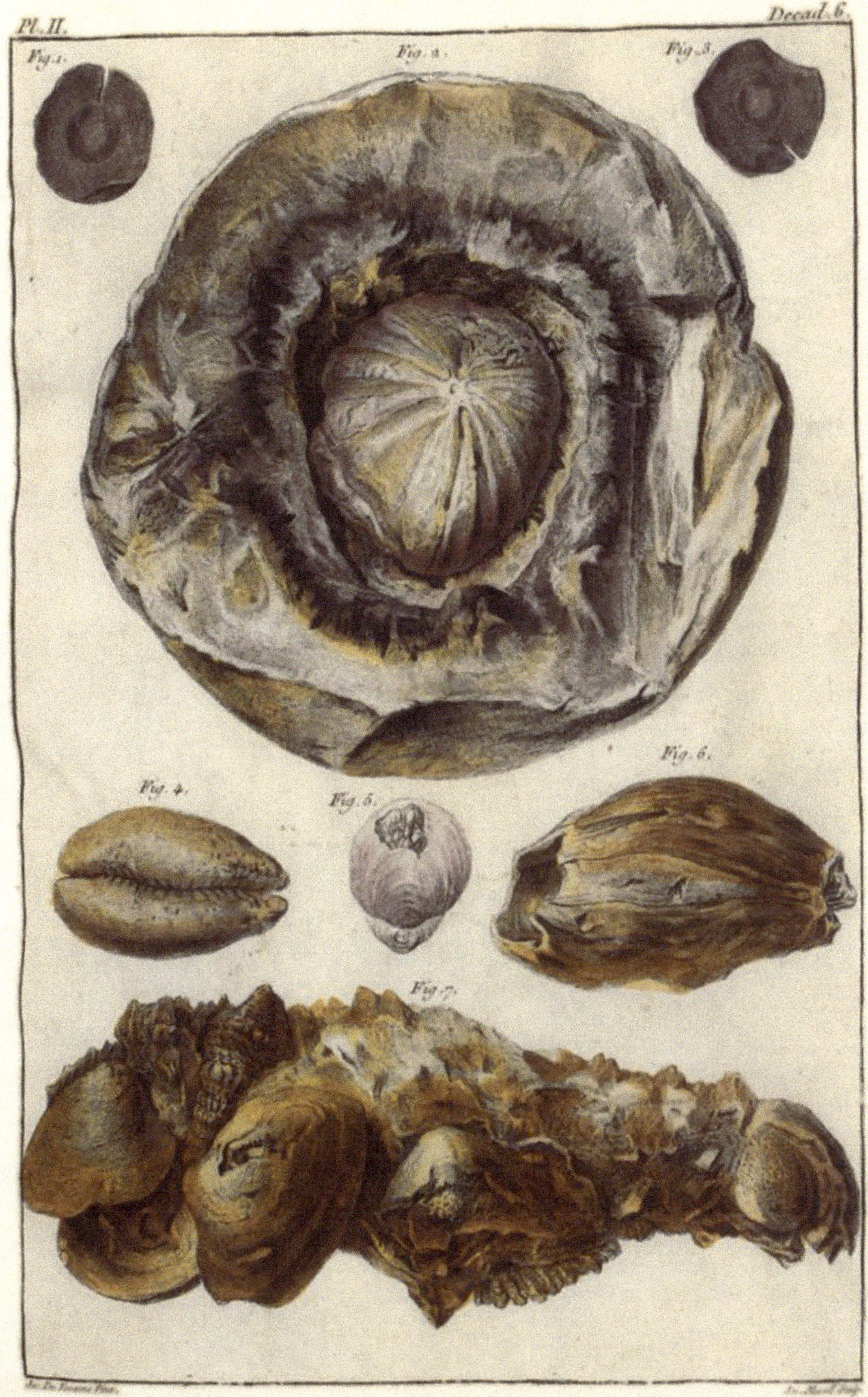
Pl. II.
Decad. 6.
Fig. 1.
Fig. 2.
Fig. 3.
Fig. 4.
Fig. 5.
Fig. 6.
Fig. 7.

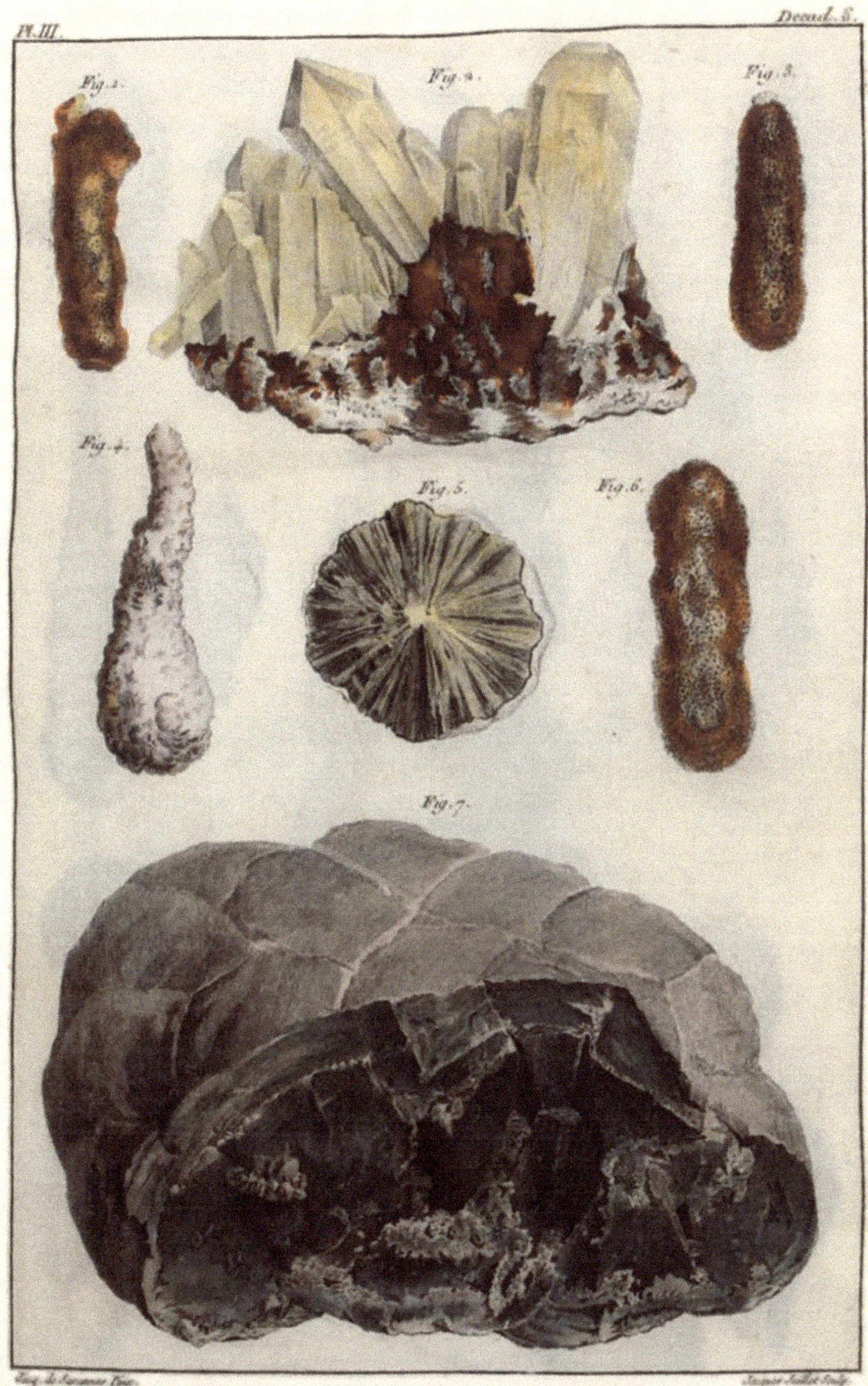
Fig.1.
Fig.2.
Fig.3.
Fig.4.
Fig.5.
Fig.6.
Fig.7.

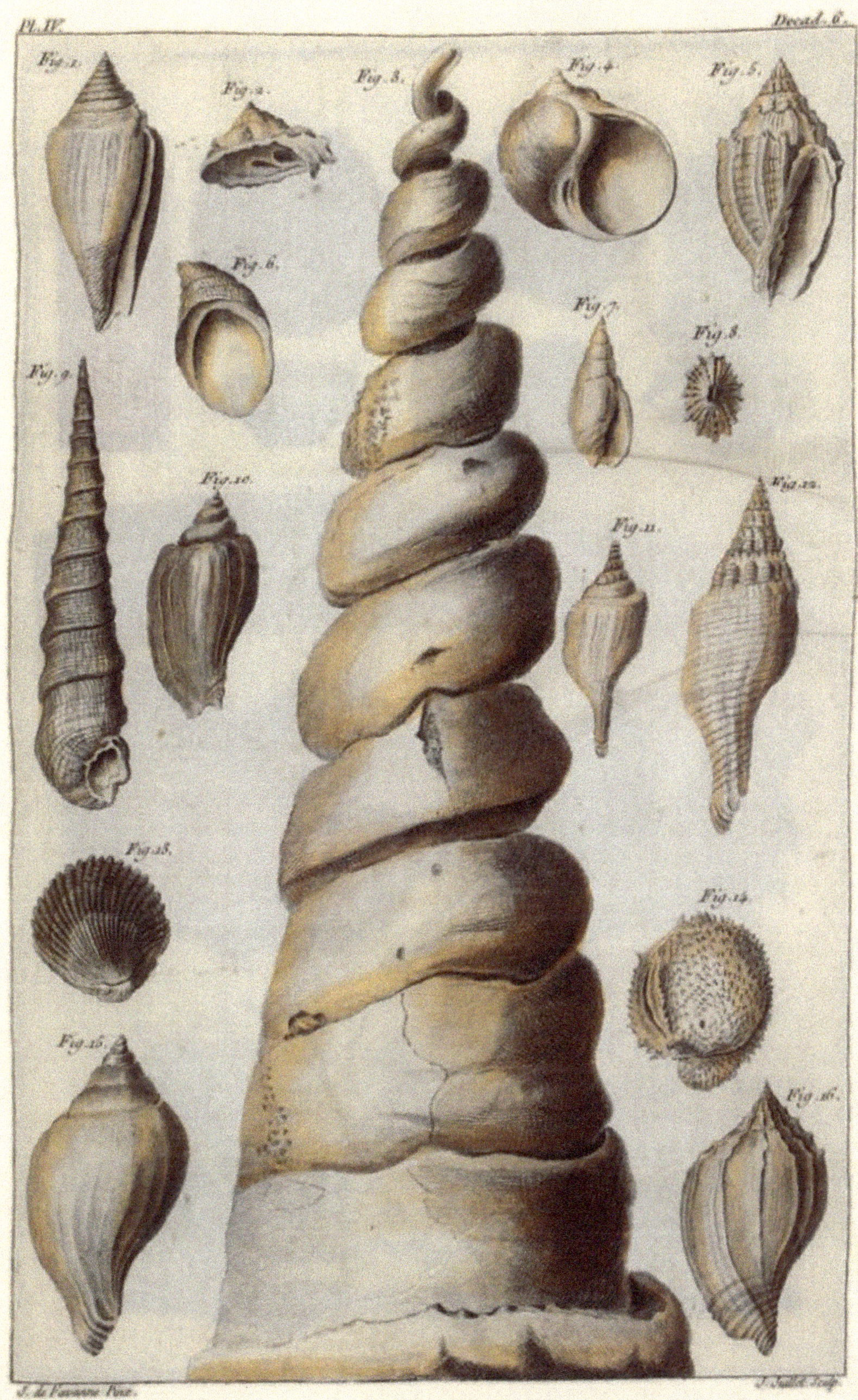
Pl. IV.
Decad. 6.
Fig. 1.
Fig. 2.
Fig. 3.
Fig. 4.
Fig. 5.
Fig. 6.
Fig. 7.
Fig. 8.
Fig. 9.
Fig. 10.
Fig. 11.
Fig. 12.
Fig. 13.
Fig. 14.
Fig. 15.
Fig. 16.
J. de Favanne Pinx.

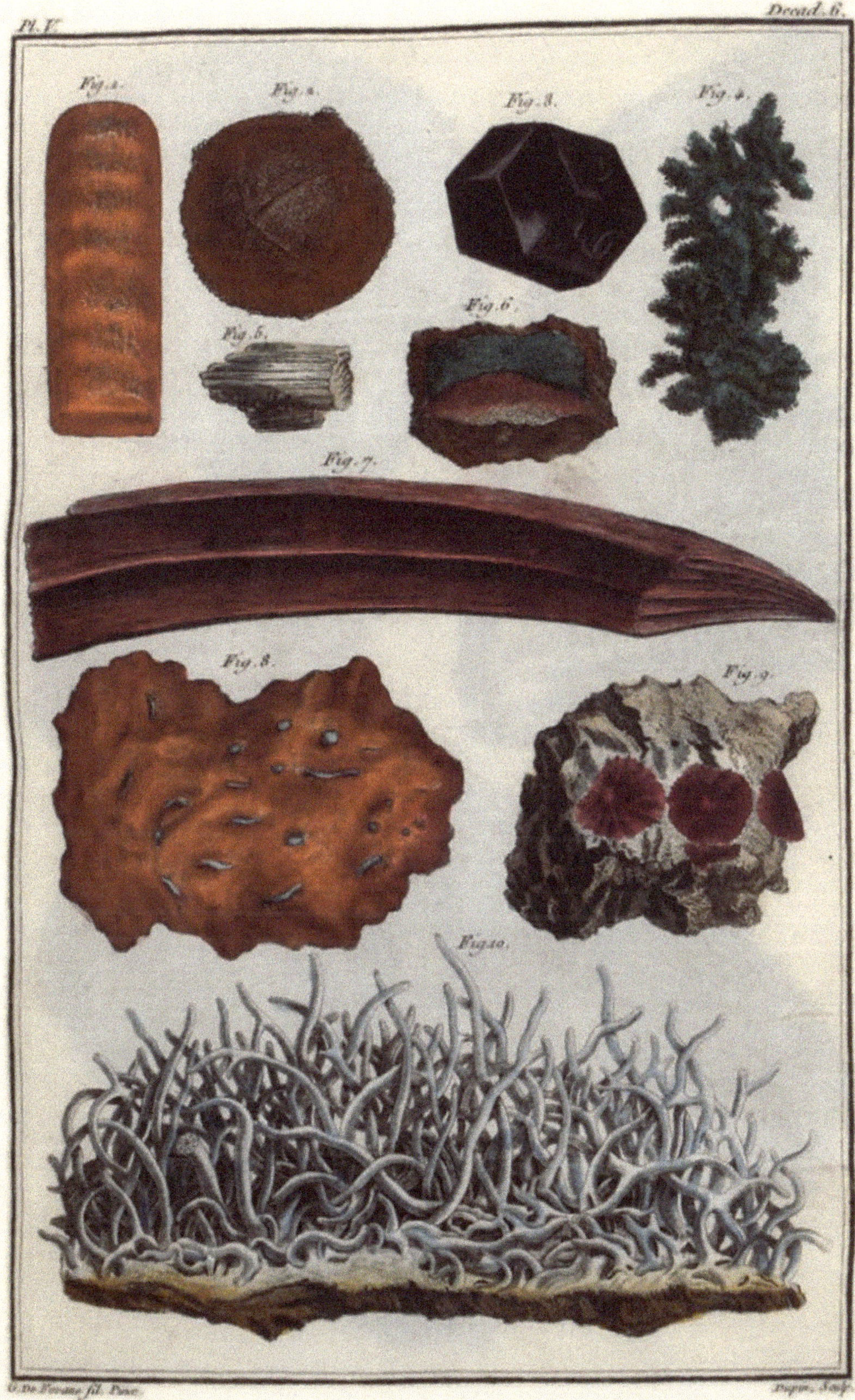
Pl. V.
Decad. 6.
Fig. 1.
Fig. 2.
Fig. 3.
Fig. 4.
Fig. 5.
Fig. 6.
Fig. 7.
Fig. 8.
Fig. 9.
Fig. 10.

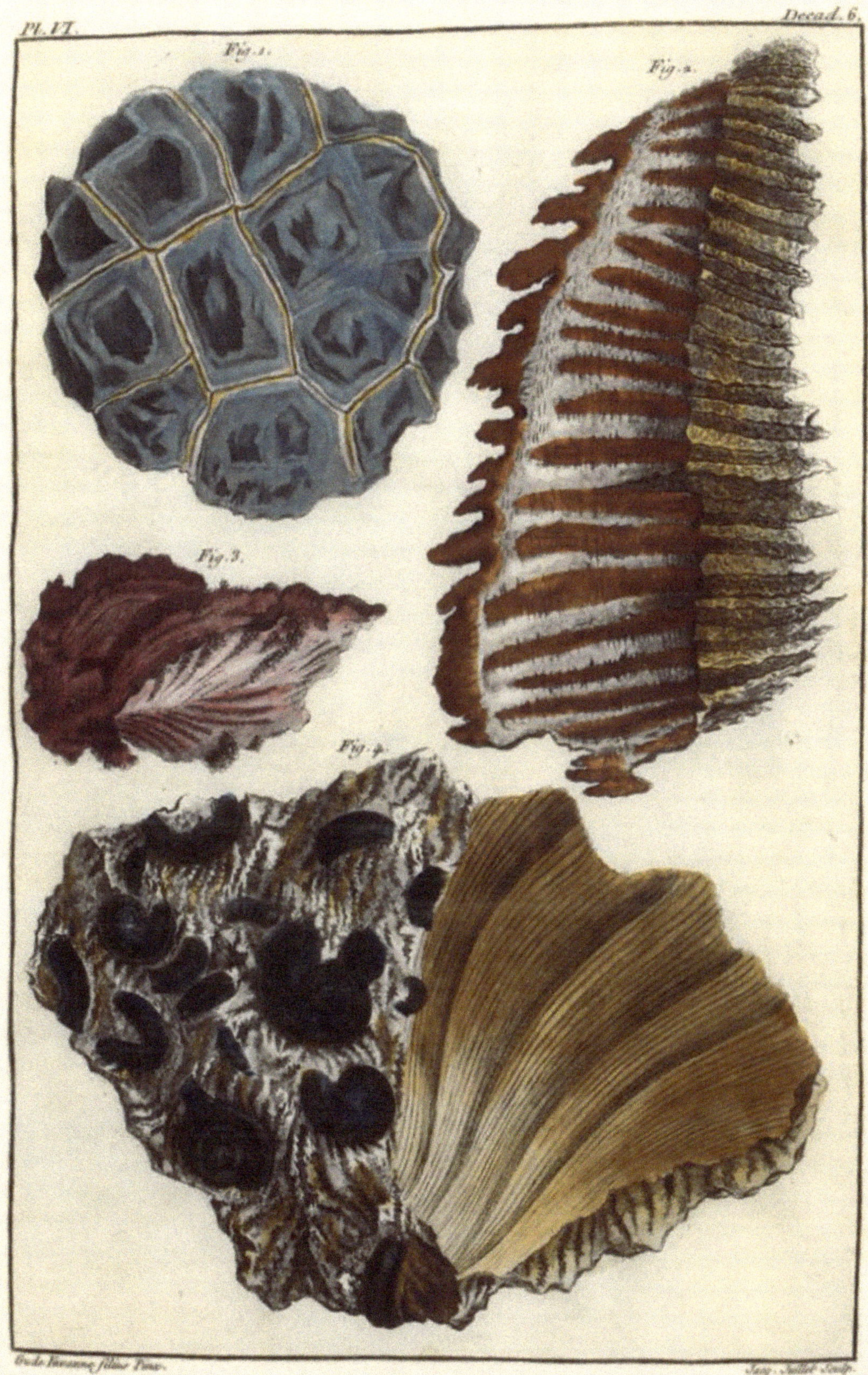

G. de Favanne filius Pinx. Jacq. Juillet Sculp.

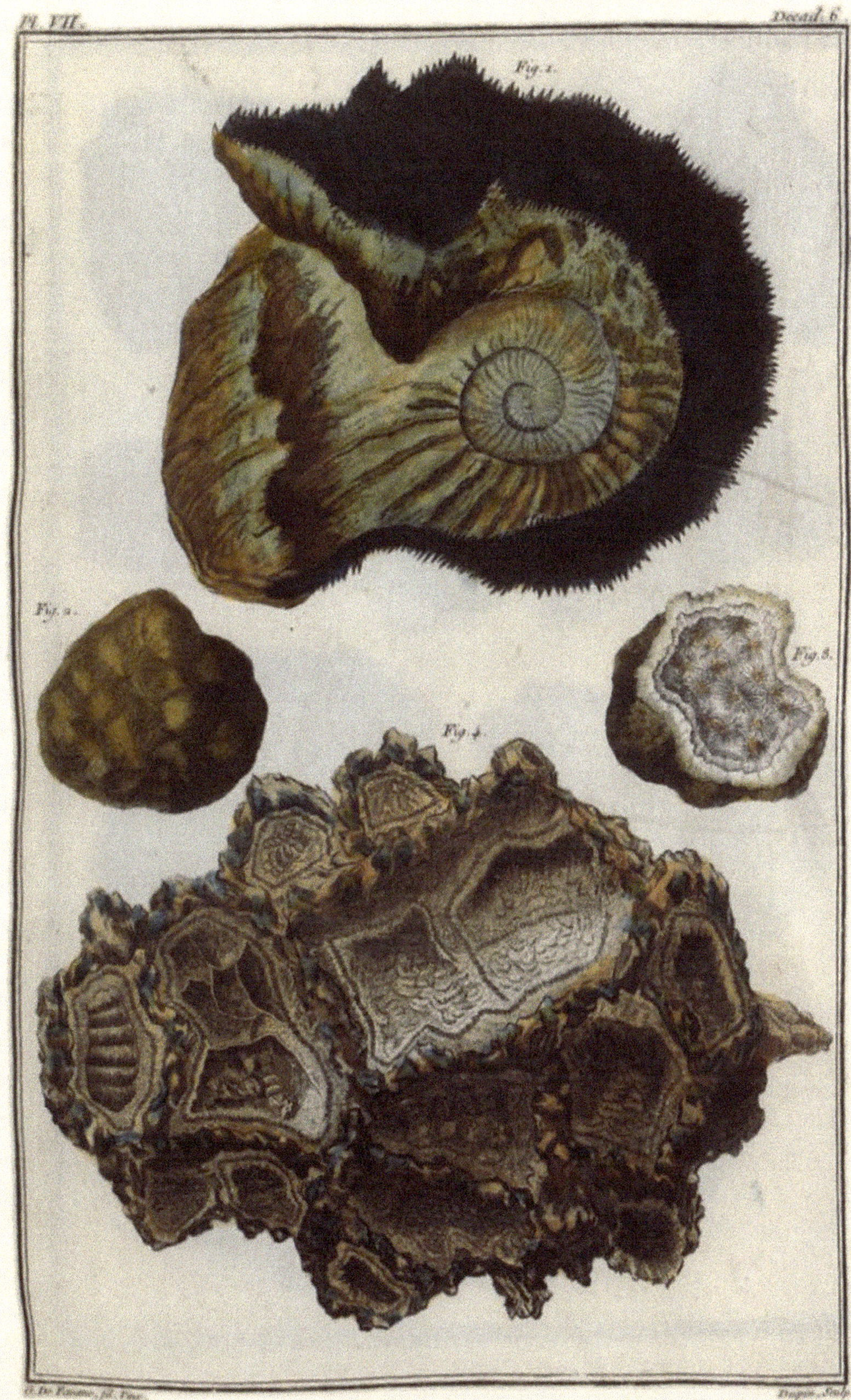

G. De Favanne, fil. Pinx. Dupin, Sculp.

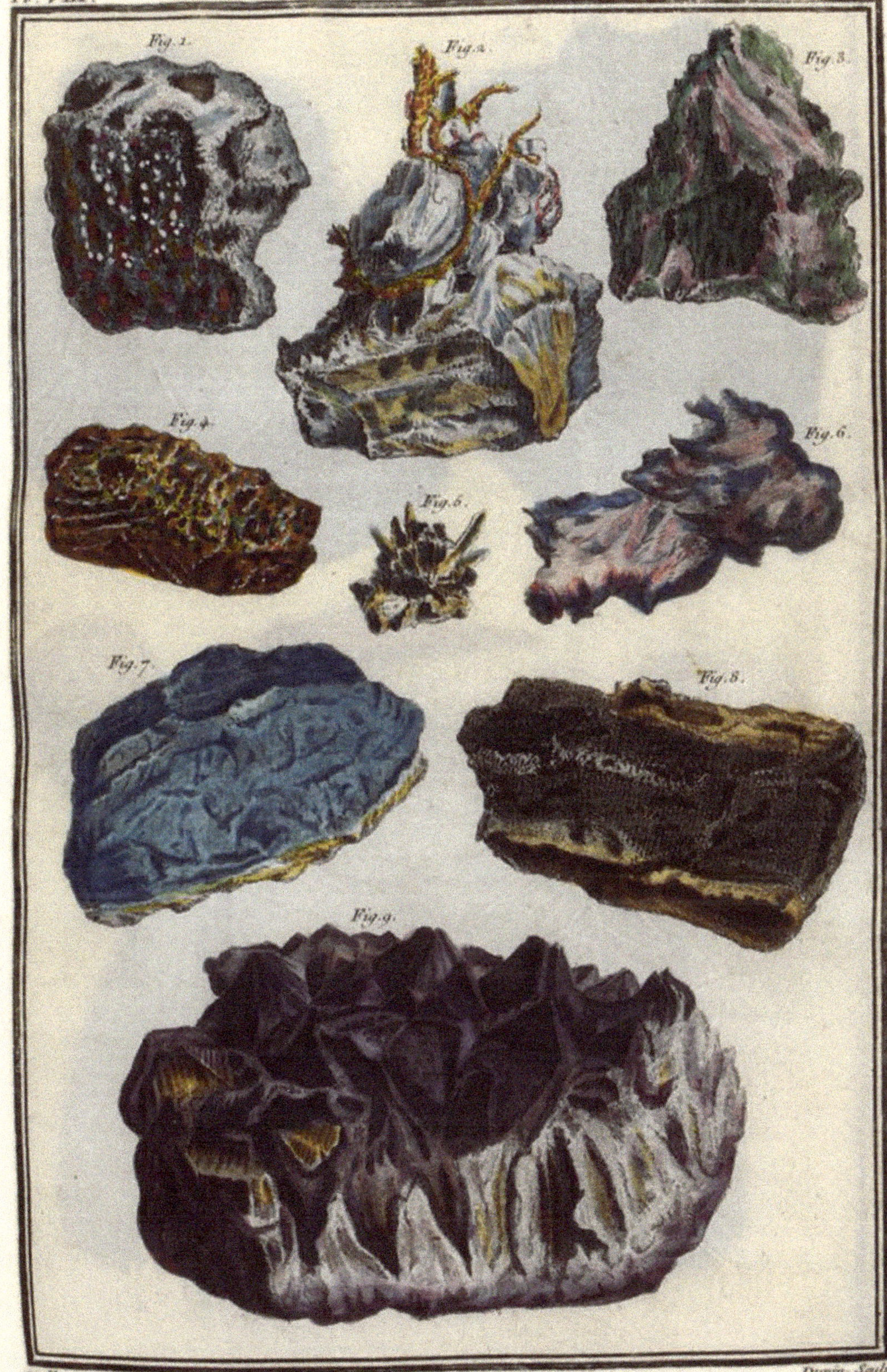

De Favanne filius. Pinx. Dupin. Sculp.

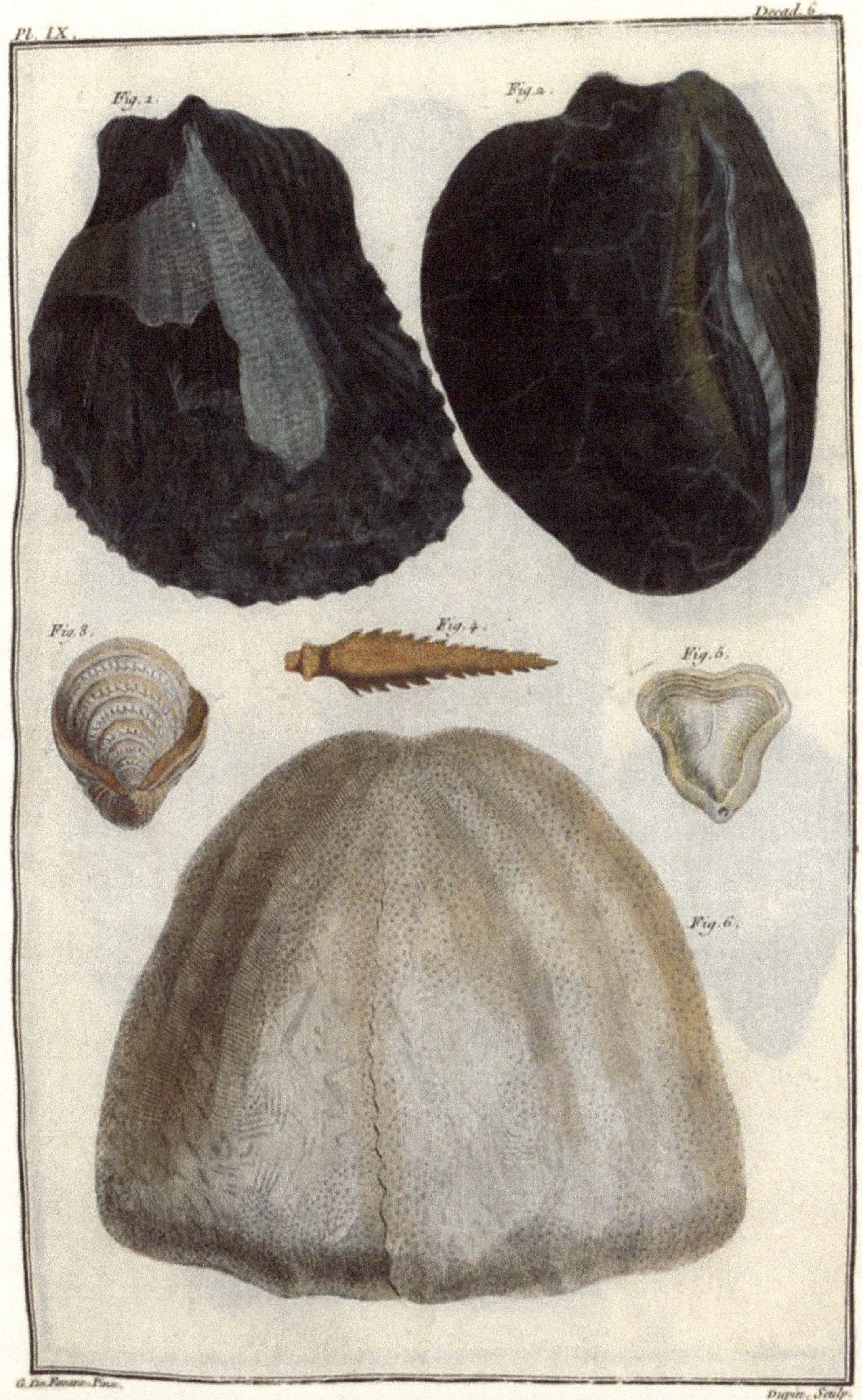

Dupin. Sculp.

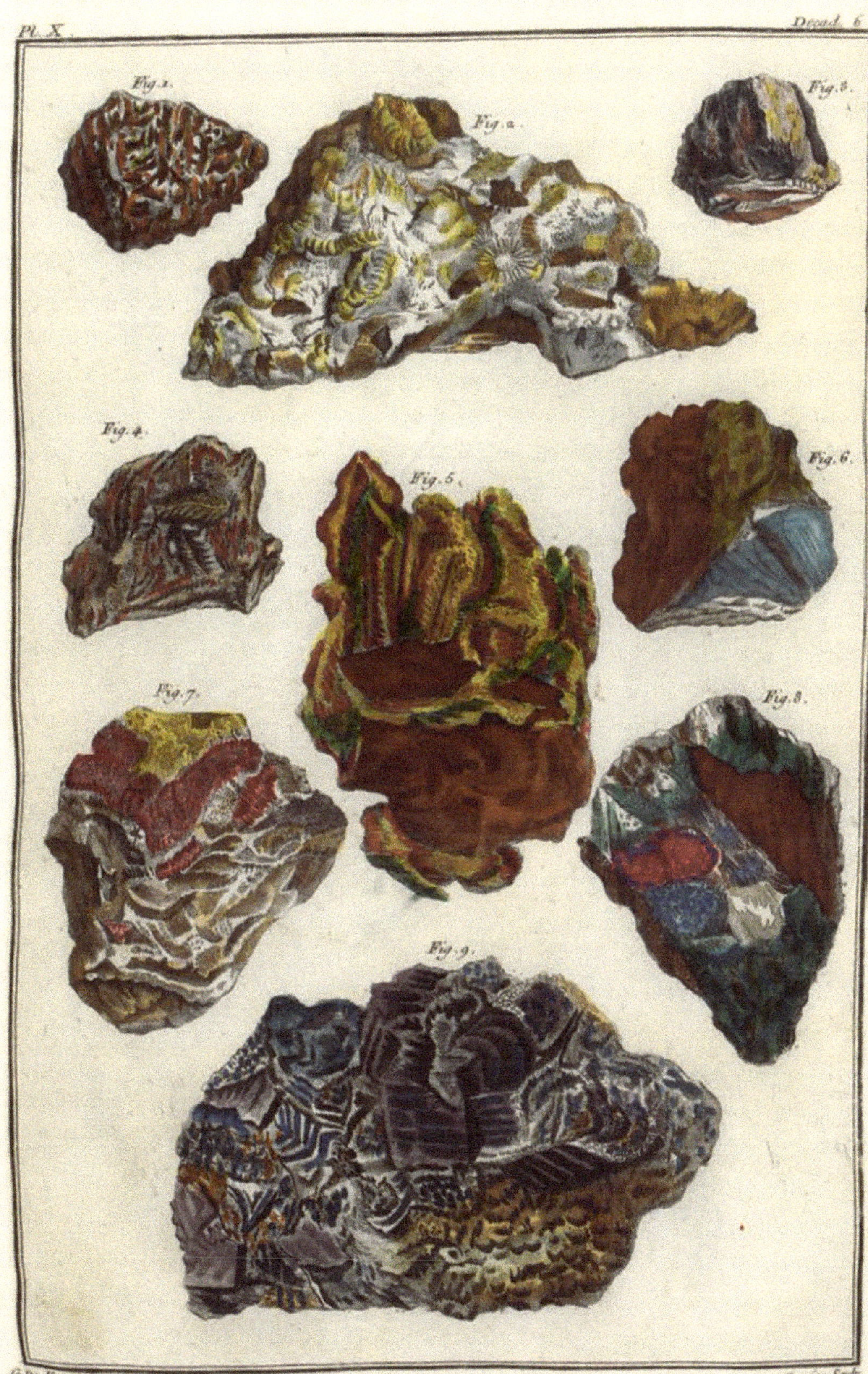

G. De Favanne, Pinx. Dupin. Sculp.

EXPLICATION DES PLANCHES

de la 6. Decade.

PLANCHE I.

Fig. 1. Cette Pierre represente le relief de deux Insectes, elle est tirée des catastrophes du Deluge par Knorr, pl. 33. fig. 4. Fig. 2. Pierre Fossile noire representant une plante de la nature des Fougeres, tirée du même Ouvrage pl. 10. fig. 3.... Fig. 3. Pierre Calcaire representant un petit Poisson presqu'en son entier, tirée de l'ouvrage cité pl. 28. fig. 5.... Fig. 4. Pierre calcaire representant l'empreinte d'une Ecrevisse courbée en arriere, et nuancée de differentes couleurs, d'où s'élevent de toute part des Dendrites qui en augmentent la rareté; on la trouve aussi gravée dans l'ouvrage cité pl. 18. fig. 2.... Fig. 5. Dendrite imitant la tête d'une Meduse tirée du même Ouvrage pl. 3. fig. 4.... Fig. 6. Dendrite connüe dans le systême de Linneus sous le nom de Graptolithus algas referens, *elle a été trouvée dans la Vallée de S.t Christophe aux environs de Freudenstat dans la Foret noire. Fig. 7. Marbre de Salzbourg, à Zones et pointillé. Fig. 8. Pierre representant l'empreinte d'une feuille, tirée du Cabinet de M. Gesner professeur à Zurick, et trouvée probablement à Œningue ou aux environs.*

PLANCHE II.

Fig. 1. et 3. Pierres numismales trouvées aux environs de Compiegne. Fig. 2. Le pas de Poulain dans une espece de Silex en forme de Geode, representé de grandeur naturelle. Fig. 4. Porcelaine petrifiée de grandeur naturelle, morceau extremement rare parmi les Fossiles. Fig. 7. Morceau ferugineux renfermant diverses Coquilles fossiles univalves et bivalves, les morceaux representés dans les 5 Fig. Citées sont tirés du Cabinet de M.r l'abbé Rosier, les deux suivans viennent du Cabinet de M. de Favane. Fig. 5. Poulette creuse à gros chrystaux spathiques. Fig. 6. Gland de mer representé plus petit que nature.

PLANCHE III.

Fig. 1. 3. 4. et 6. Pyrites sulphureuses cilindriques trouvées en champagne. Fig. 5. Hemisphere d'une Pyrite globuleuse et sulphureuse. Fig. 2. Chrystaux heptagones d'un blanc safrané sur une bâse ferrugineuse. Fig. 7. Mine de Diamant du Dauphiné d'une belle grosseur. Tous ces morceaux sont tirés du Cabinet de M.r l'abbé Rosier.

PLANCHE IV.

Fig. 3. Vis Fossile de grandeur naturelle, trouvée dans une pierre blanche près de Compiegne, tirée du Cabinet de M. Bucquet, ancien Procureur du Roi à Beauvais, les autres figures de cette Planche representent differens Coquillages Fossiles de Champagne, dont nous aurons occasion de parler dans notre Histoire naturelle et œconomique des 3. regnes.

PLANCHE V.

Fig. 1. Mine de Cuivre de la Chine representée dans les delices de Knorr, pl. E. 1. fig. 3.... Fig. 2. Globe ferrugineux et mammelonné representé dans le même ouvrage pl. E. 4. fig. 9.... Fig. 3. Grenat d'Etain de Bohême, tiré aussi de l'ouvrage cité pl. E. 2. fig. 3.... Fig. 4. Cuivre vierge d'Hongrie en forme d'arbuste representé dans les delices de physique pl. E. 1. fig. 1.... Fig. 5. Plomb spathique à rayons tiré du Hartz. Knorr deli. de Physiq. pl. E. 3. fig. 8.... Fig. 6. Mine de Fer granée Knorr. Phys. pl. E. 4. fig. 5.... Fig. 7. Hematite rouge tirant sur le noir à rayons fins Knorr Phys. pl. E. 4. fig. 2.... Fig. 8. Mine de Cinabre mêlée de mercure vierge. Fig. 9. Fleurs d'antimoine. Fig. 10. Flos ferri *trouvé à S.te Marie aux mines.*

PLANCHE VI.

*Fig. 1. Brocatelle de Metz. Vall. loth. 41. Cette espece de Caillou qui se trouve à Grimont et à S.t Julien près de Metz est remarquable par ses Veines nuancées et par le beau poli dont il est susceptible il est representé en son entier, mais reduit de plus de moitié; il n'est encor gravé dans aucune collection. Fig. 2. Dent molaire d'Elephant trouvée aux environs de Pont-a-mousson ayant près de 10 pouces de longueur. Fig. 4. Pierre en gateau très grande, renfermant plusieurs cornes d'Ammon et sur tout remarquable par une partie d'*Embricata, *ces trois morceaux sont tirés du Cabinet de M. le Curé de S.te Marguerite de Paris. Fig. 3. Hematite ferrugineuse representant en bas relief des especes de feuilles de plantes, sortant d'un Vase du Cabinet de feu M. Villier, gravée dans le Catalogue de ce Cabinet, imprimé à Nancy chez Pierre Antoine.*

PLANCHE VII.

Fig. 1. Corne d'ammon à chrystaux ferrugineux de grandeur naturelle. Fig. 2. et 3. Geode à fines aiguilles en rayons et spathiques representé en son entier et cassé par son milieu pour en voir les aiguilles interieures. Fig. 4. C'est la même que la figure 1. de la Planche 6. Ces 3 morceaux sont tirés du Cabinet de M. le Curé de S.te Marguerite de Paris.

PLANCHE VIII.

Fig. 1. Plomb spatheux d'un noir bleuatre, partie informe, partie chrystallisé, parsemé d'Ochre de Fer rouge tiré de la mine de Windischleiten de Schemniz. Fig. 2. Argent nud en arbre à filets épais figurés de differentes manieres en rameaux sur un quartz couleur de lait, entremelé de galene de plomb de couleur de corne, de la mine d'argent du mont royal de Norverge. Fig. 3. Regule de Cobalt verd sur un spath blanc, nuancé de pourpre et de verd bleuatre de Rothenberg du territoire de Saalfeld. Fig. 4. Mine d'argent friable de couleur jaune, tres riche, de la Mine de Windischleiten de Schemniz. Fig. 5. Mine d'argent informe appuyée sur un Echinus *chrystallisé de Schemniz en Hongrie. Fig. 6. Antimoine informe à aiguilles, gris et de differentes couleurs sur un quartz blanc, tiré de la mine d'antimoine de Schliksthal à un mille de Stresberg. Fig. 7. Bismuth solide, strié legerement ça et là sur un quartz de la mine nommée* Concorde *dans l'Electorat de Saxe. Fig. 8. Regule de Cobalt gris formé par de petites lames reticulées ça et là dans un silex corné, d'un blanc sale, tiré de la même mine que l'espece precedente. Fig. 9. Amethuste à très grands chrystaux hexaèdres sur une couche blanche et d'un jaune sale.*

PLANCHE IX.

Fig. 1. Peigne assé bien conservé de couleur bleuatre. Fig. 2. Came très grosse, bleuatre, fracturée, tirée des Carrieres des pierres à chaux des environs de Metz. Fig. 3. espece de Cœur petrifié. Fig. 4. Pointe d'oursin, tirée de l'Isle de Malthe. Fig. 5. Poulette triangulaire. Fig. 6. le Bouclier piramidal, de grandeur naturelle de l'Isle de Malthe. Tous ces morceaux se trouvent dans le Cabinet de M.r le Curé de S.te Marguerite de Paris.

PLANCHE X.

Fig. 1. Flos ferri, *tiré de la mine de Ruckersberg dans les terres de Baruth. Fig. 2. Argent nud et rude, blanc brillant avec une Marcassite informe et des portions de Pyrite jaune et cuivreuse entre un chrystal de quartz et un Spathe tuberculé et écailleux à écailles brillantes tiré de Schemniz en Hongrie. Fig. 3. Regule de Cobalt d'un jaune brillant, mêlé d'un Regule de Cobalt blanc adherent à un Spath brillant blanc et roussatre, de la Principauté de Saalfeld. Fig. 4. Or natif, formé en petits arbrisseaux sur une croute quartzeuse chrystalline par dessus une pierre quartzeuse impregnée d'Argent trouvé dans une Forest à six lieues de Cronstad en Transylvanie. Fig. 5. Pyrite cuivreuse jaune, parsemée de verdet de Cuivre et d'Ochre de Fer d'un jaune très gai tiré de la mine qu'on nomme le Prince George dans les terres de Baruth. Fig. 6. Pyrite cuivreuse d'un jaune foncé et nuancé de differentes couleurs, riche sur un Caillou d'un gris bleu avec une couche quartzeuse, parsemée de chrystaux de la mine du nouveau Ouvrage vers la Montagne de Streitberg à 3 quarts de lieue de Koenz. Fig. 7. Cinnabre natif riche dans un Spath jaune sur une pierre grise nuancée, tiré de la Vallée de Velker au bas du Mont Carpath en Hongrie. Fig. 8. Pyrite de Cuivre jaune et de differentes couleurs entre un quartz couleur de lait et un Caillou imitant la Poix sur une pierre talqueuse verdatre de la mine de l'aigle de Brandebourg dans les terres de Baruth. Fig. 9. Fluor cubique de couleur violette, ou faux Saphir sur une pierre impregnée d'une Pyrite arsenicale, dans l'Electorat de Saxe.*

Pl. I. Decad. 7.

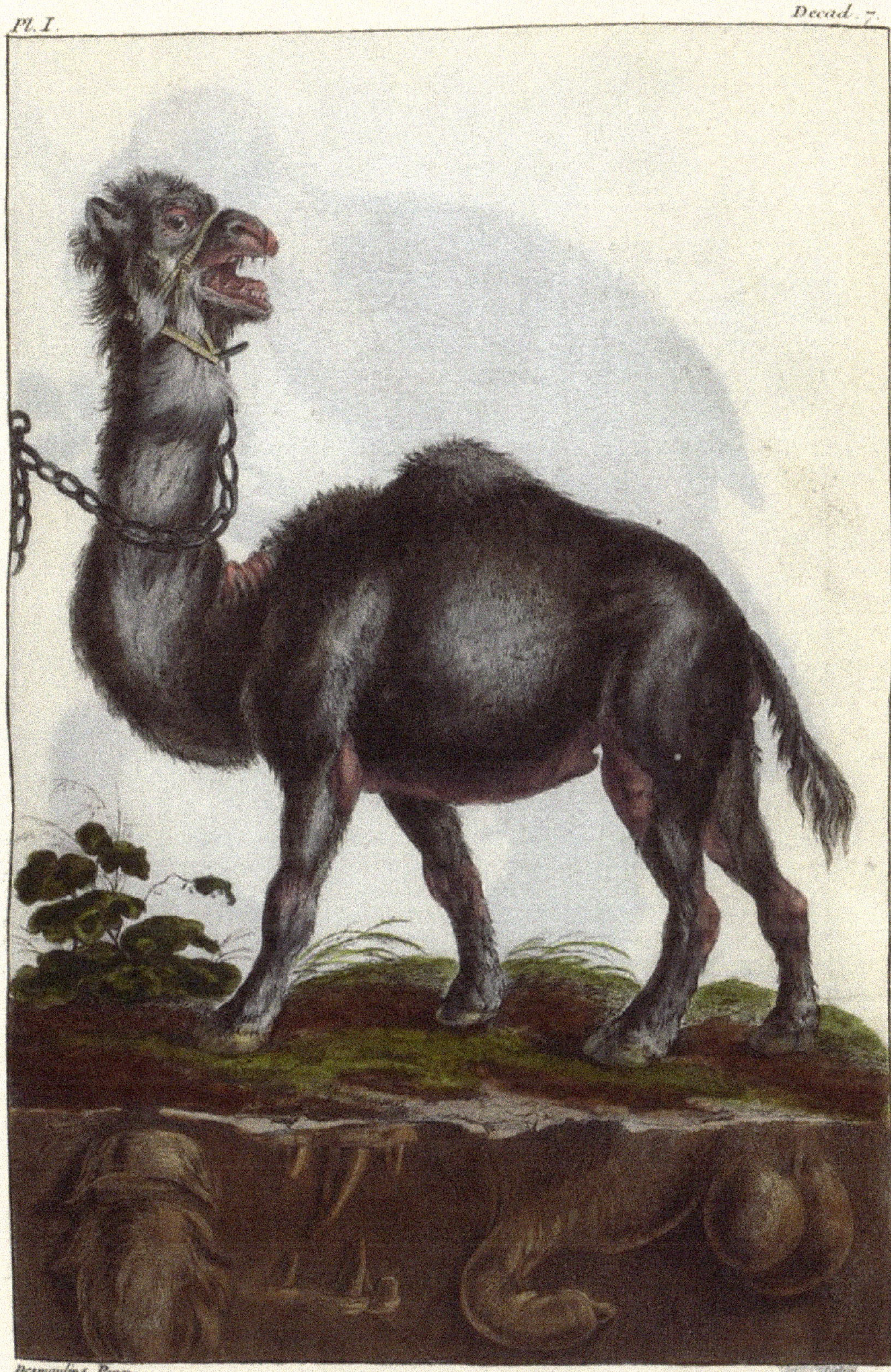

Desmoulins Pinx

Pl. II

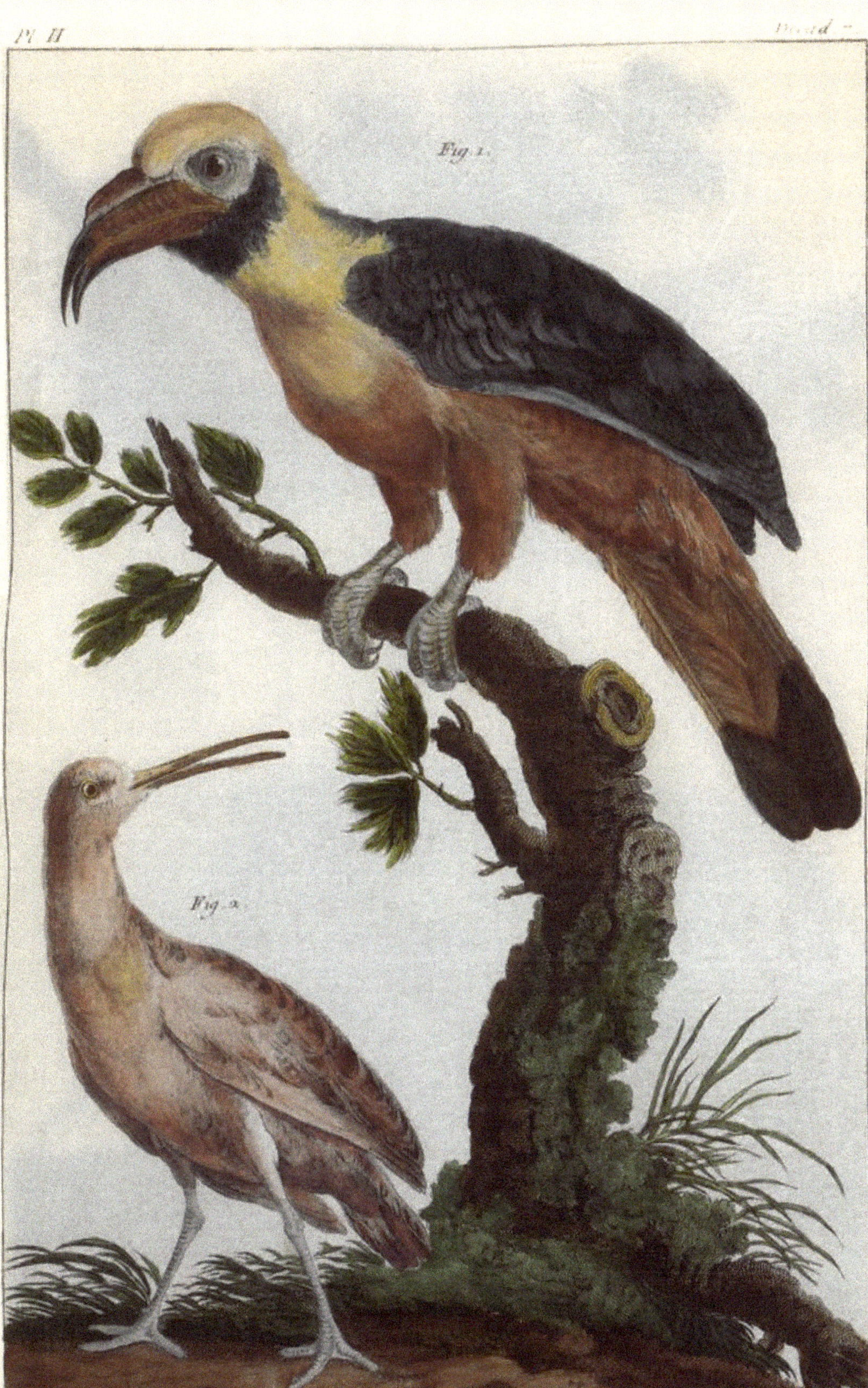

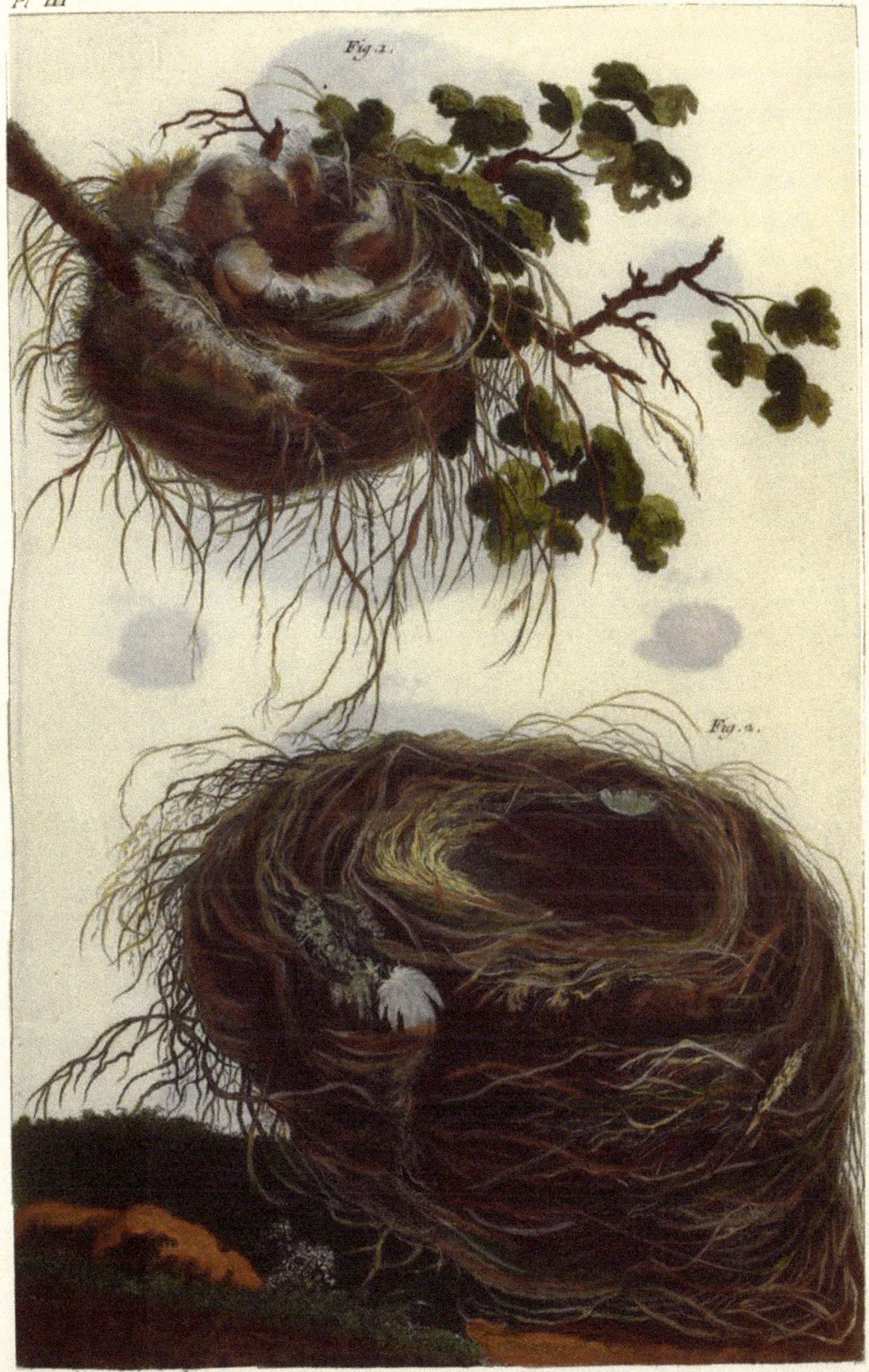

Desmoulins pinx et Sculp.

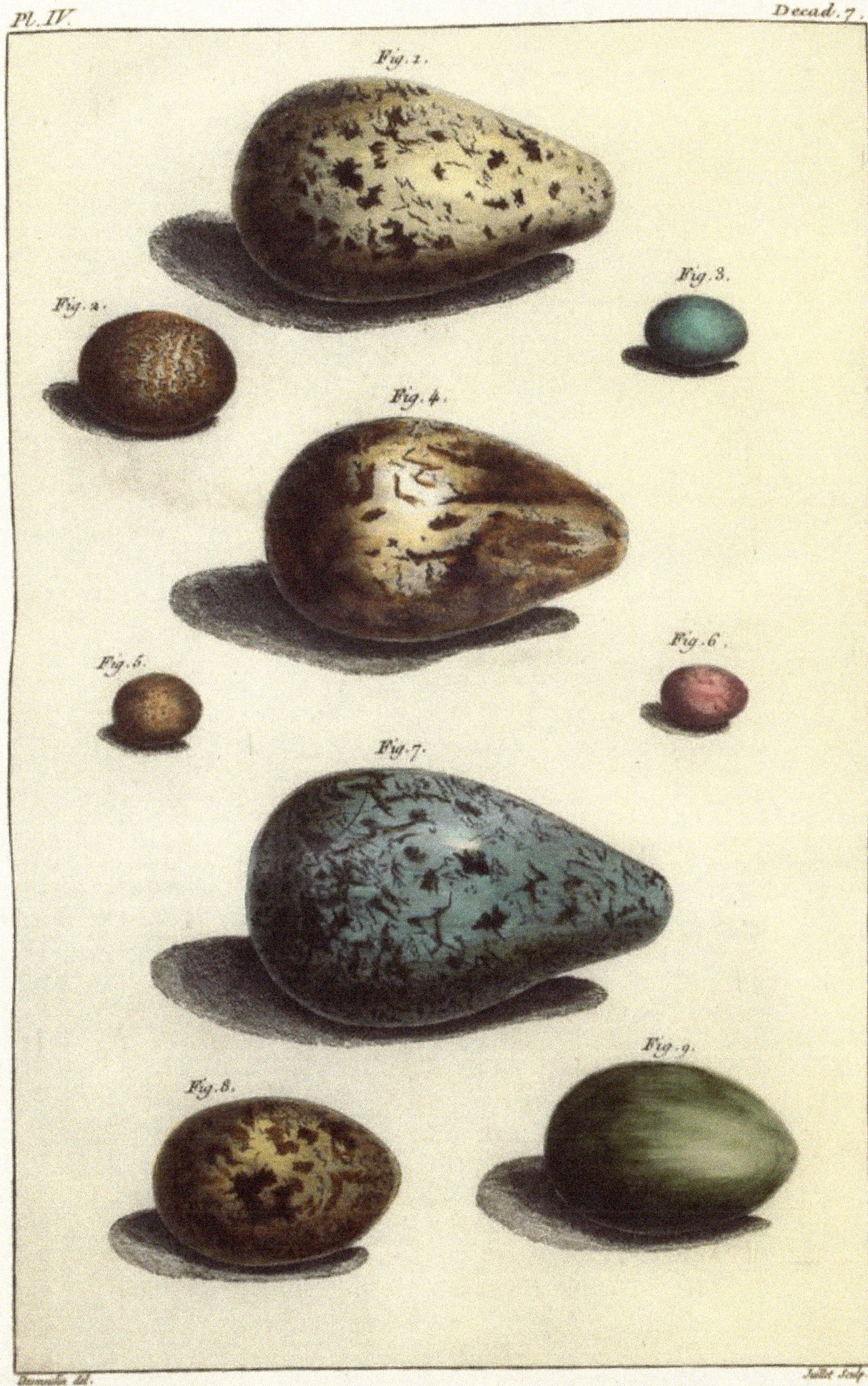
Pl. IV.
Decad. 7.
Fig. 1.
Fig. 2.
Fig. 3.
Fig. 4.
Fig. 5.
Fig. 6.
Fig. 7.
Fig. 8.
Fig. 9.

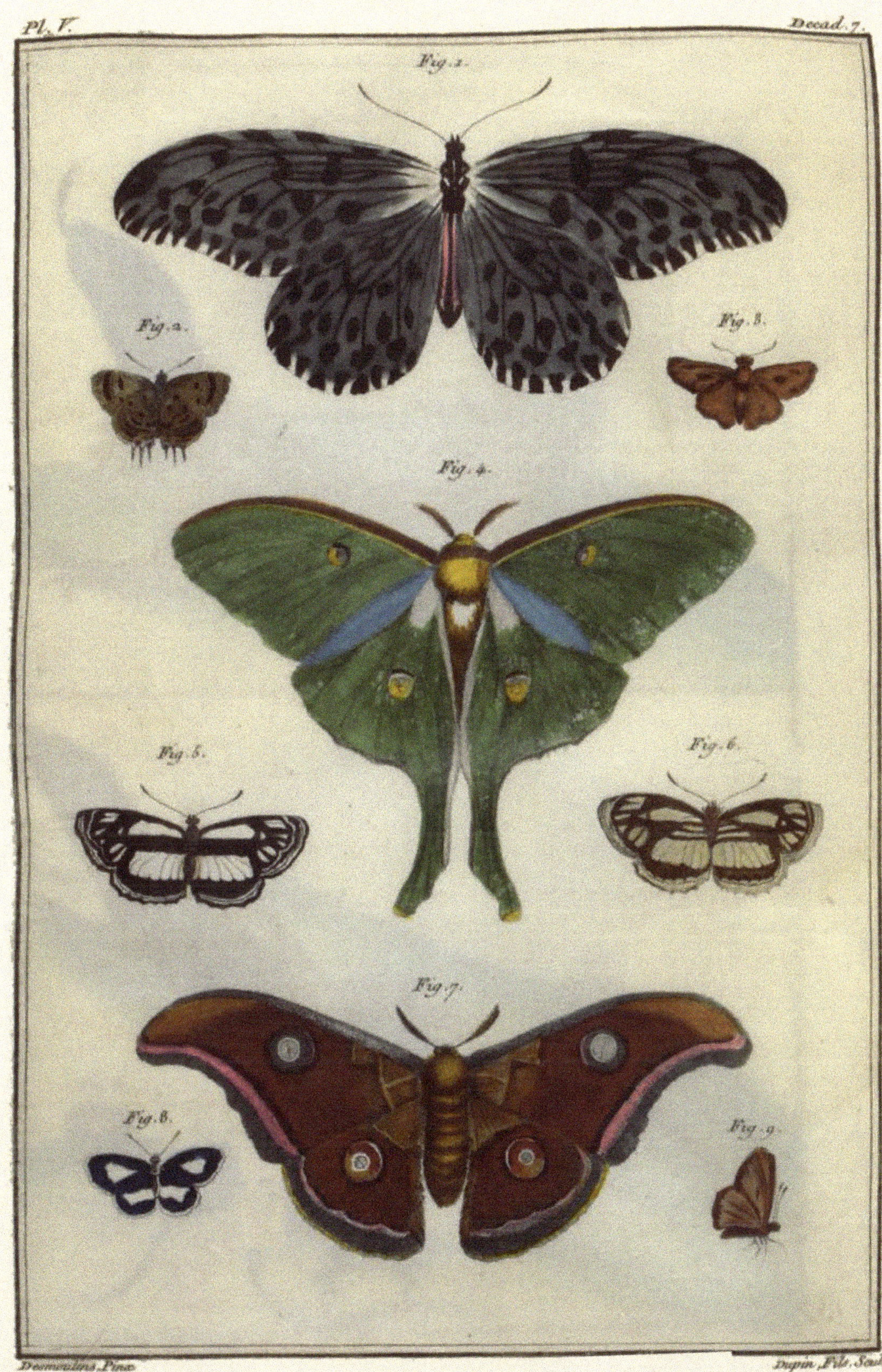

Pl. V.
Decad. 7.
Fig. 1.
Fig. 2.
Fig. 3.
Fig. 4.
Fig. 5.
Fig. 6.
Fig. 7.
Fig. 8.
Fig. 9.
Desmoulins Pinx.
Dupin Fils Sculp.

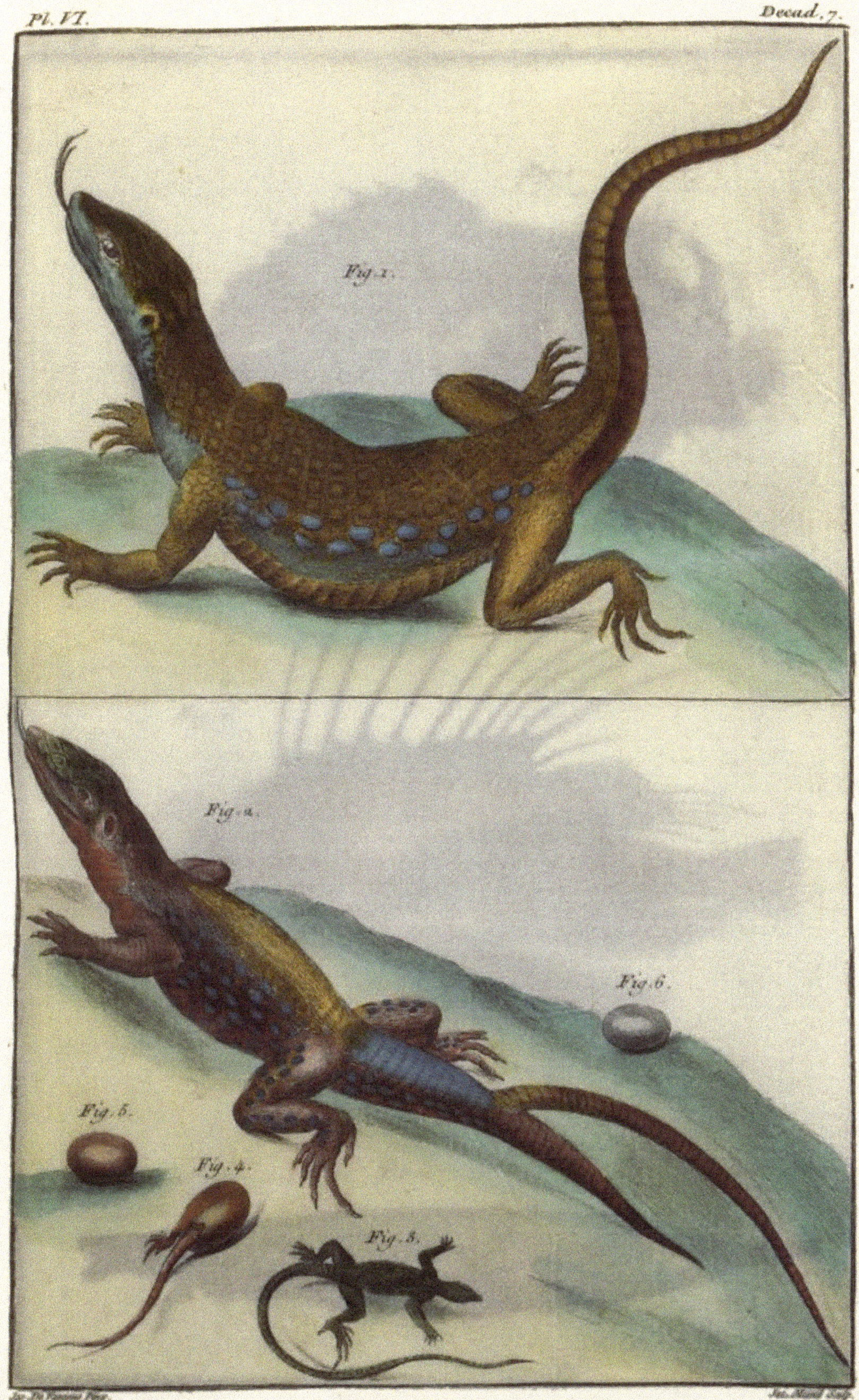
Fig. 1.
Fig. 2.
Fig. 6.
Fig. 5.
Fig. 4.
Fig. 3.

Pl. VII.

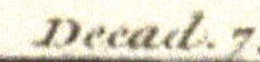
Decad. 7.

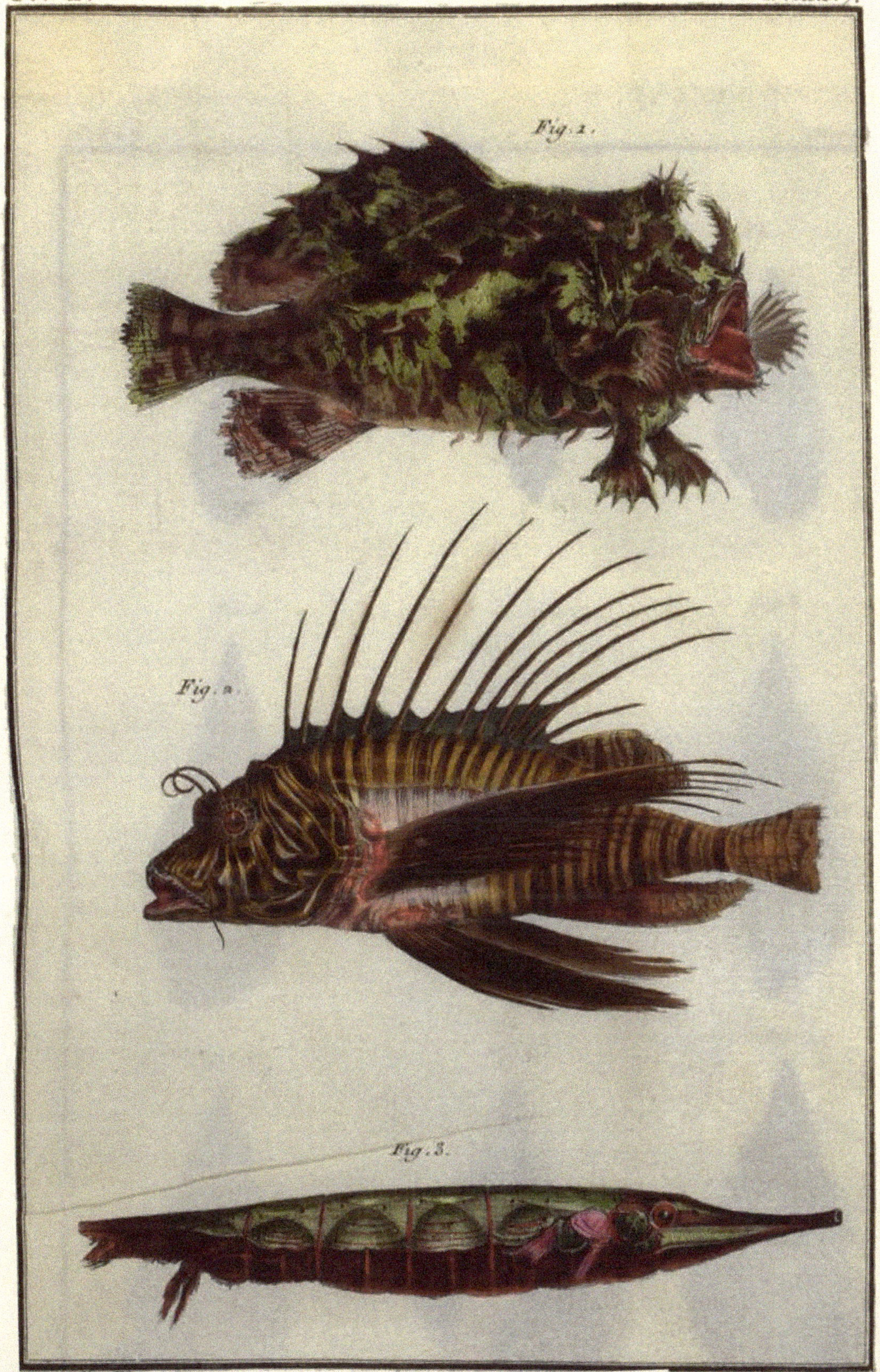

Fig. 1.

Fig. 2.

Fig. 3.

Desmoulins, Pinx.

Fig. 1.

Fig. 2.

Fig. 3.

Fig. 4.

Fig. 5.

Fig. 6.

Fig. 7.

Fig. 8.

Fig. 9.

Desmoulins, Pinx. Dupin Fils, Sculp.

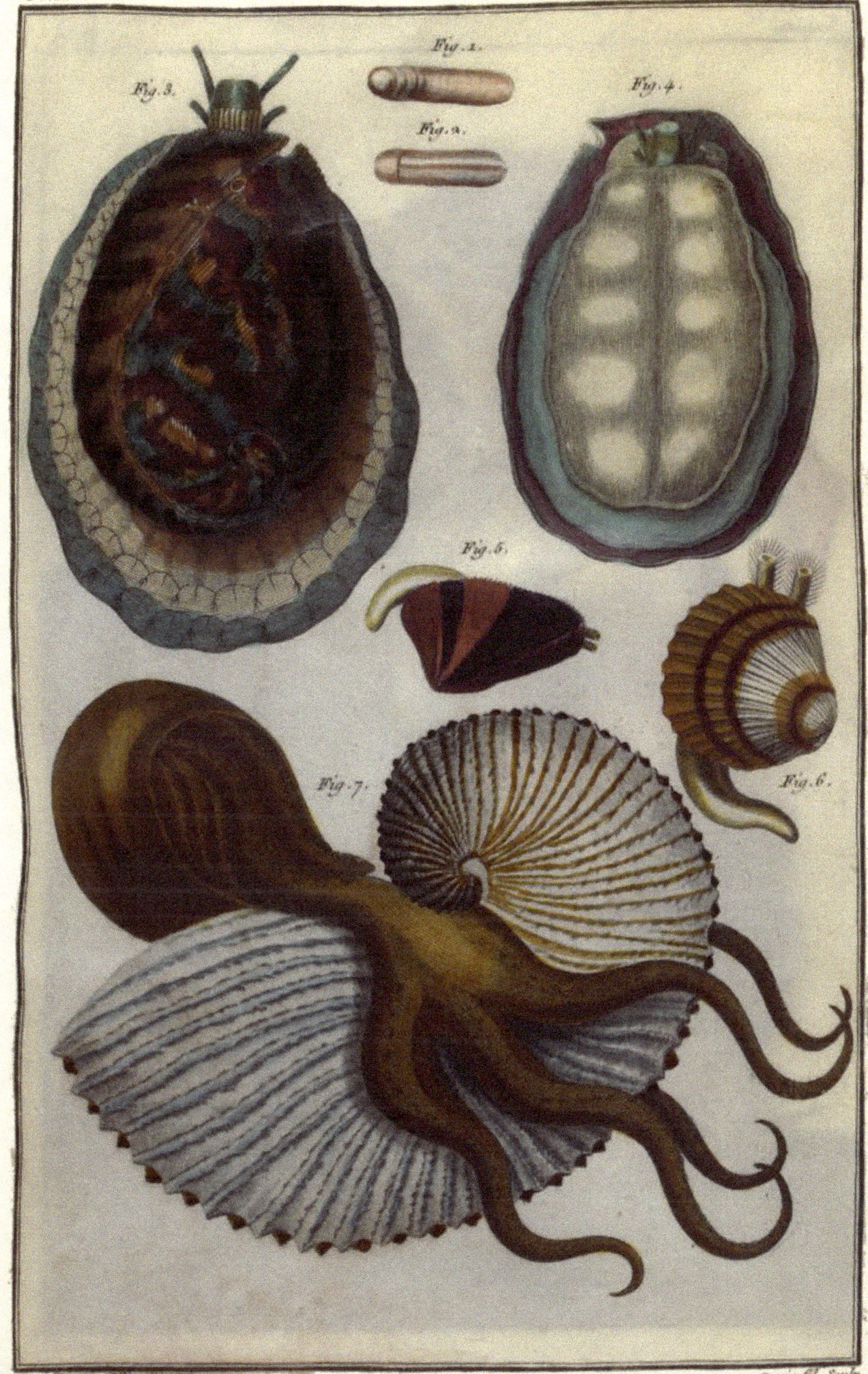

G. De Favane filius Pinx. Dupin fil. Sculp.

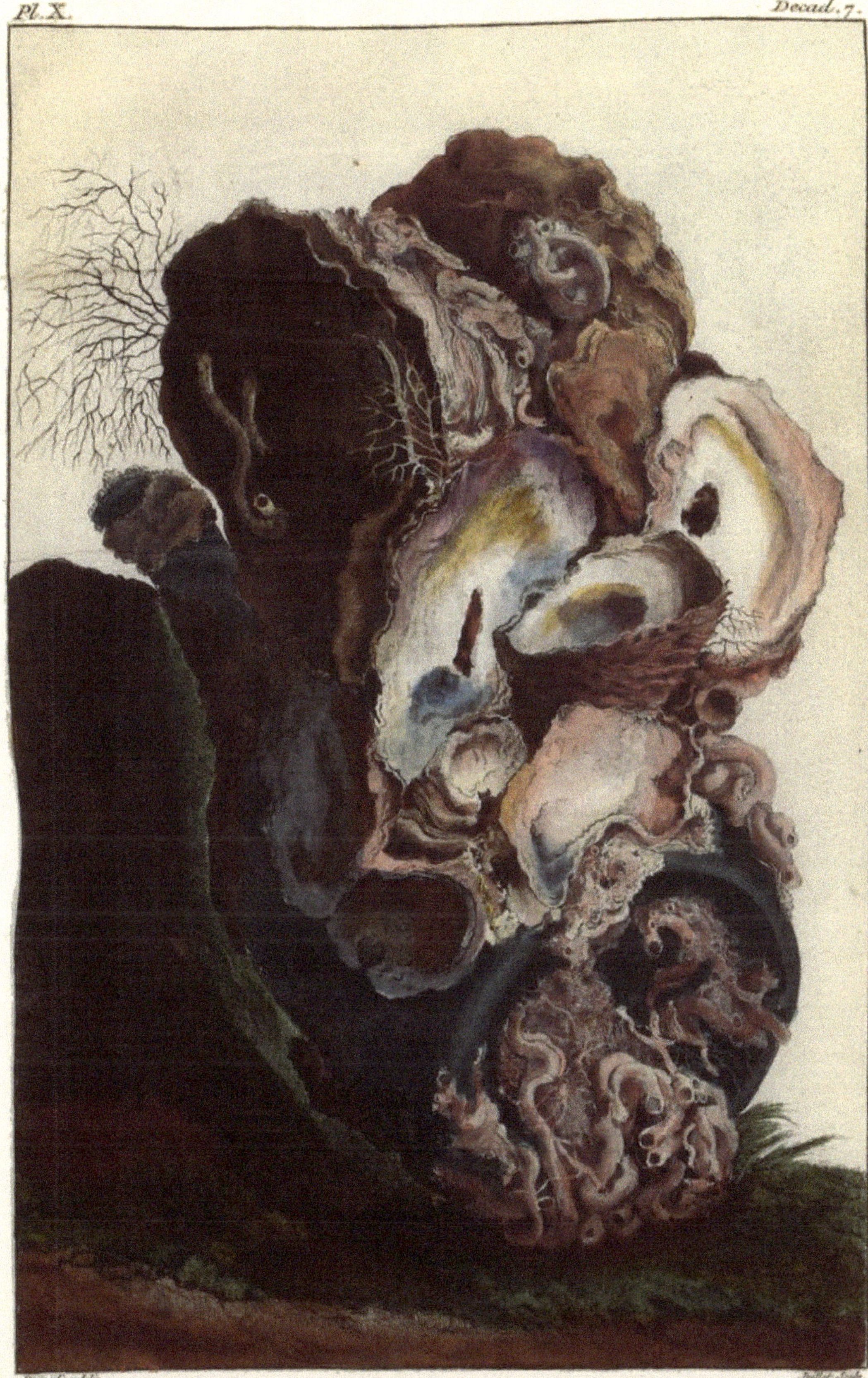

Demoulins delin. *Juillet Sculp.*

EXPLICATION DES PLANCHES
de la 7.e Decade.

PLANCHE I.

L'Animal representé dans cette Planche a été montré à la Foire S.t Germain de l'année 1776 sous le nom de Gangan, il avoit 6 pieds 2 pouces de hauteur depuis la superficie de la terre jusqu'à sa bosse et 11 pieds de longueur depuis le bout du nez jusqu'à l'anus, ses Sabots etoient de corne, ses Dents sont representées au bas de la Planche à la moitié de leurs grandeurs; à sa machoire superieure on en remarquoit deux canines écartées l'une de l'autre, deux incisives d'un pouce et demi de longueur et 4 molaires aiguës et à la machoire inférieure 6 canines fort larges, deux incisives d'un pouce de longueur et 4 molaires aiguës, écartées l'une de l'autre. Sa queue etoit plate couverte d'un poil ras, le poil de l'extremité de cette queue etoit fort long, on en a representé une petite partie au bas de la planche qu'on a reduite à la moitiée, les Parties de la generation de l'animal sont encore representées au bas de cette même planche, mais elles y sont reduites au tiers de leur grandeur, après avoir examiné cet animal, nous ne lui avons remarqué presque aucune différence du Dromadaire; nous osons même assurer, que c'est reellement cet animal et que le nom de Gangan ne lui a été donné que pour en imposer, la couleur de son poil etoit precisement telle qu'elle se trouve coloriée dans cette Planche.

PLANCHE II.

Fig. 1. Calao à bec ciselé de l'Isle de Panay, il a été dessiné d'après un de ces Oiseaux empaillés qui se trouvent dans le Cabinet de M. Fayolle à Versailles on en trouve la description dans le voyage à la nouvelle guinée par M.r Sonnerat Pag. 128. mais il n'y est pas gravé avec autant d'exactitude que dans cette planche, sur tout pour ce qui concerne les pieds. Fig. 2 Oiseau du Cabinet de M. Fayolle, qui lui a été envoyé de la Cayenne; c'est une Beccassine blanche, que nous nommerons par cette raison Beccassine blanche de la Cayenne.

PLANCHE III.

Fig. 1. Nid de la Bergeronette. Fig. 2. Celui du Merle.

PLANCHE IV.

Fig. 1. Œuf de Gode. Fig. 2. Œuf de Cresserelle Fig. 3. Œuf de Mauvis. Fig. 4. Œuf de Pinguin. Fig. 5. Œuf d'Alouette des bois. Fig. 6. Œuf de Fauvette à tête noire. Fig. 7. Œuf de Vermette. Fig. 8. Œuf de Courlis de montagnes. Fig. 9. Œuf de Cormorand; tous ces Œufs ont été tirés du Cabinet de M. Fayolle.

PLANCHE V.

Fig. 1. Papillon decrit parmi les insectes de Drury Tom. 2 Pl. 7. Fig. 1. il a été aporté à cet auteur de l'isle de Johanne près de Madagascar dans la mer des Indes. Fig. 2 Papillon aussi decrit par Drury. Tom. 2. Pl. 8. Fig. 3. il lui a été envoyé de Sierra leon en Afrique. Fig. 3. et 9. Papillon decrit parmi les insectes de Drury. Tom. 1. Pl. 26. Fig. 13. on le trouve à Antigua, S.t Christophe et Nevis. Fig. 4. la Phalene du Sassafras, la Chenille de cette Phalene mange les feuilles de cet arbre, elle est gravée parmi les insectes de Drury Tom. 1. Pl. 24. Fig. 1. et dans l'histoire de la Caroline par Catesby, on la trouve dans la Caroline, la Virginie et le Maryland Fig. 5. et 6. Papillon vu des deux cotés et decrit dans l'histoire des Insectes par Drury. Tom. 2 Pl. 29. Fig. 3. et 4. on le trouve à Sierra en Afrique. Fig. 7. Phalene du Bengale decrit dans le traité des Insectes de Drury. Tom. 2. Pl. 5. fig. 1. Fig. 8. Papillon decrit dans l'histoire des Insectes par Drury. Pl. 3 Fig. 4. on le trouve à Sierra Leon en Afrique.

PLANCHE VI.

Fig. 1. Le gros Lezard vert et moucheté de la Jamaique gravé et decrit dans l'histoire naturelle des Oiseaux par Edwards Tom. 4. pl. 102. Fig. 2. Le gros Lezard moucheté à queue fourchue de la Jamaique il est gravé et decrit dans l'histoire de la Jamaique par Sloane Tom. 2. p. 333. Pl. 213. Fig. 3. et dans l'histoire naturelle des Oiseaux par Edwards Tom. 4. Pl. 103.

PLANCHE VII.

Fig. 1. Poisson pecheur d'Amerique cornu et garni de pointes, il a été decrit et representé dans Seba Tom. 1. Pl. 74. n.° 40. Fig. 2. Poisson connu sous le nom de Jean Suangi dans le traité des Poissons des Isles Moluques n.° 70. Fig. 3. Amphisiben à queue droite decrit et representé dans Seba Tom. 3. Pl. 34. n.° 4. Ces 3 Poissons ont été dessinés d'après les originaux qui se trouvent dans le Cabinet de M. Fayolle à Versailles.

PLANCHE VIII.

Fig. 1. et 2. La Vis à rubans representée dans la 14.e Pl. de la Conchyliologie par d'Argenville, elle est vue par le dos et par la bouche. Fig. 3. Buccin rubané de mer. Fig. 4. Buccin trompe de l'Amerique, marbré de diverses couleurs d'un petit volume. Fig. 5 et 6. Buccin de mer appellé Perdrix vu par le dos et par la bouche. Fig. 7. Casque lardé à un simple rang de lardons. Fig. 8. Buccin tête de Taureau. Fig. 9. Buccin Crapaud non epineux.

PLANCHE IX.

Fig. 1. le Sormet de M.r Adanson vu en dessus. Fig. 2. Le même vu en dessous. Fig. 3. Dessus de l'Oreille de mer du Senegal avec l'animal. Fig. 4. Dessous de l'Oreille de mer du Senegal. Fig. 5. Telline tronquée avec l'animal. Fig. 6. Cœur de mamora. Fig. 7. Nautile papiracée avec son Polype de la mediterranée.

PLANCHE X.

Bouteille trouvée dans la mer et couverte de Vermisseaux, de Plantes marines, de Coquillages qui se sont formés par dessus, elle fait partie du Cabinet de M. Fayolle.

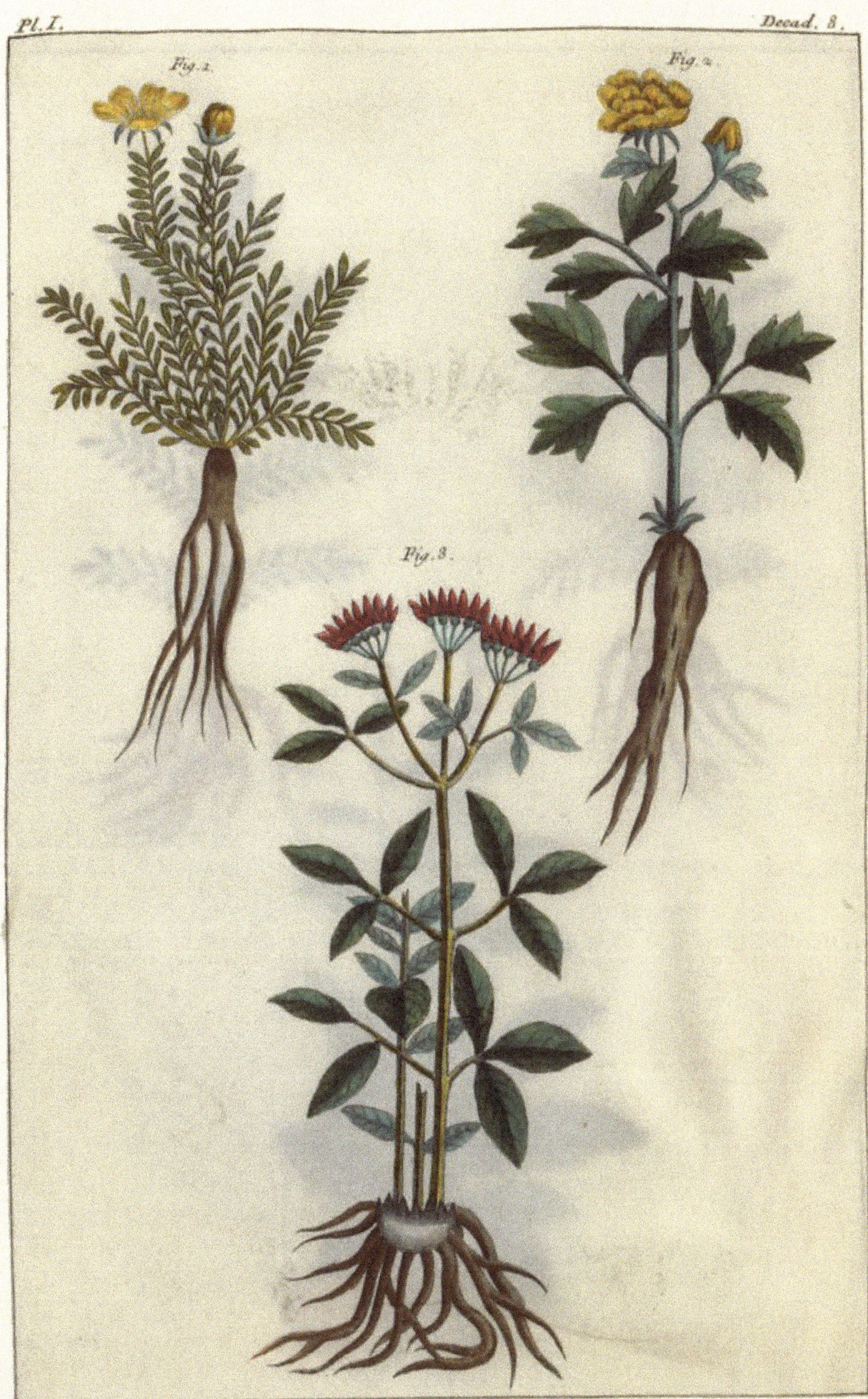
Fig. 1.
Fig. 2.
Fig. 3.

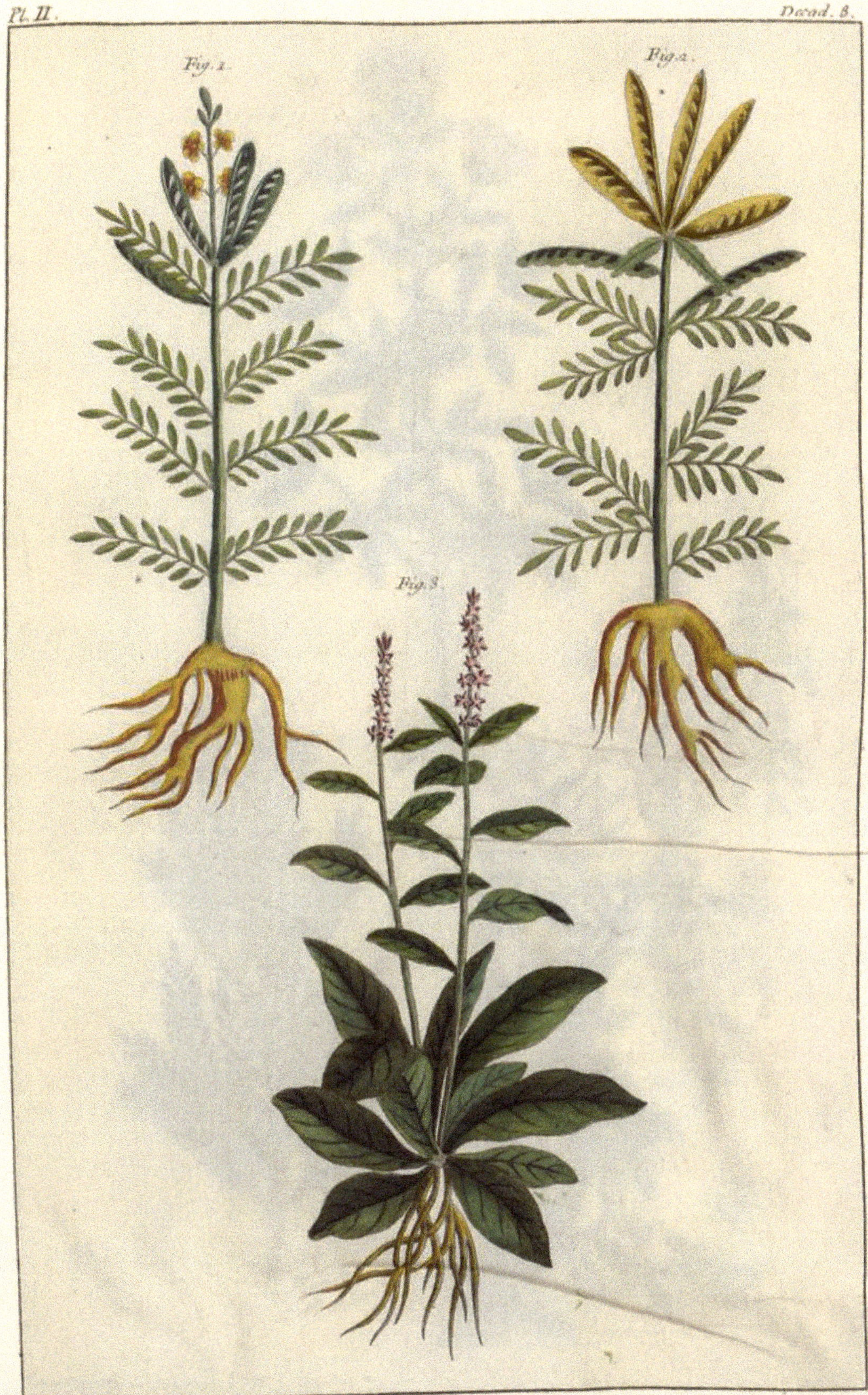
Fig. 1.
Fig. 2.
Fig. 3.

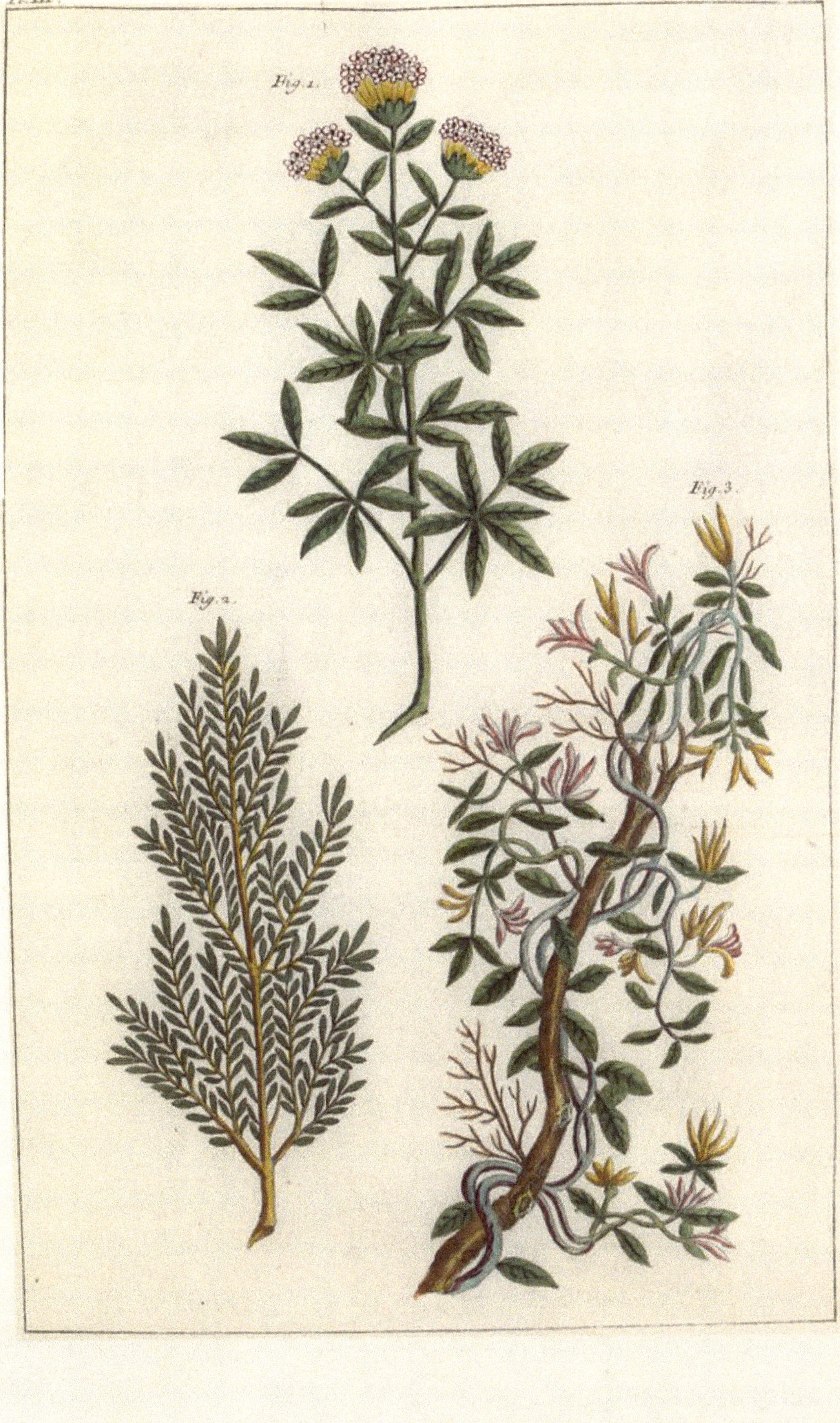

Fig. 1.

Fig. 3.

Fig. 2.

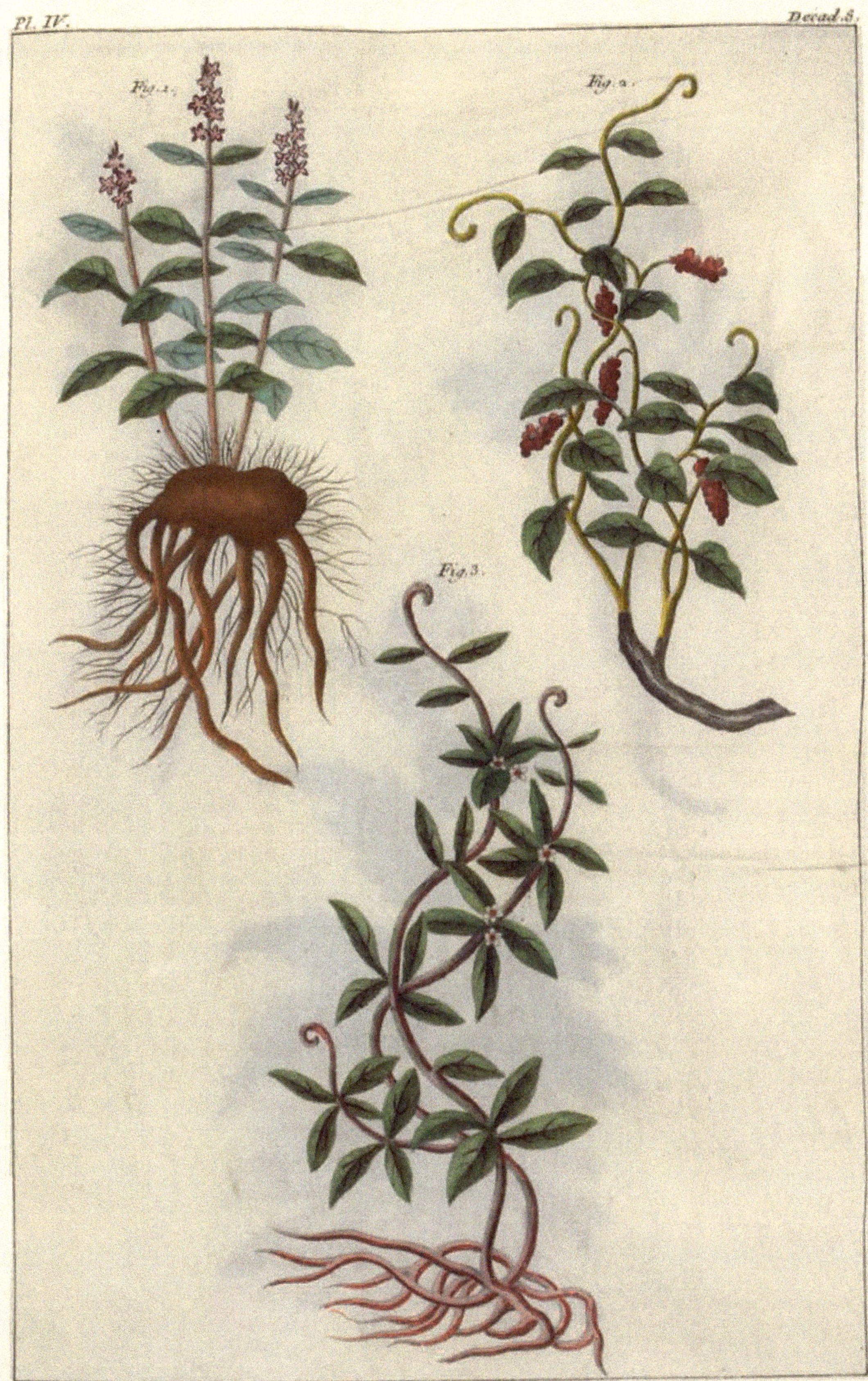
Fig. 1.
Fig. 2.
Fig. 3.

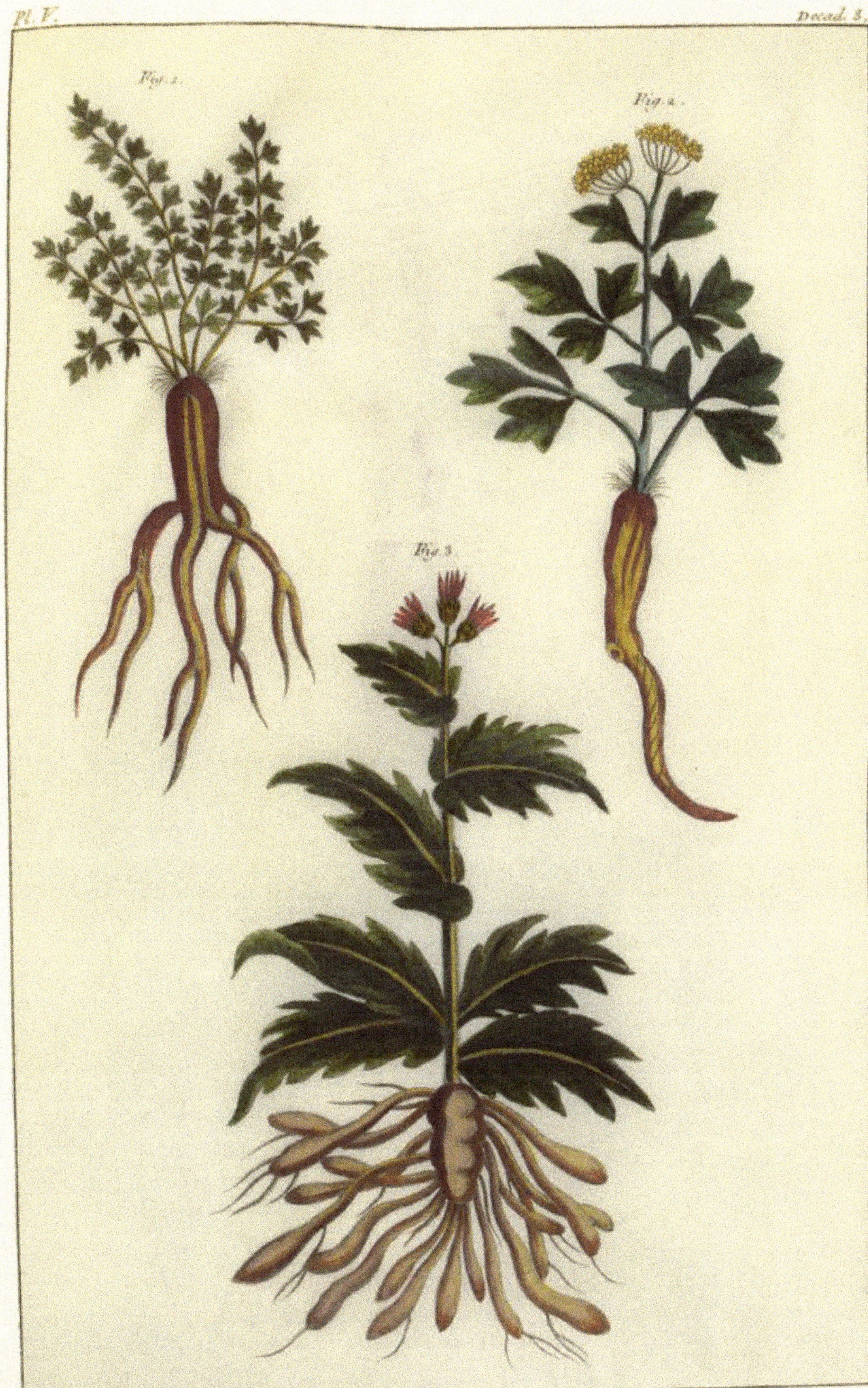
Fig. 1.
Fig. 2.
Fig. 3

Pl. VI. Decad. 3.

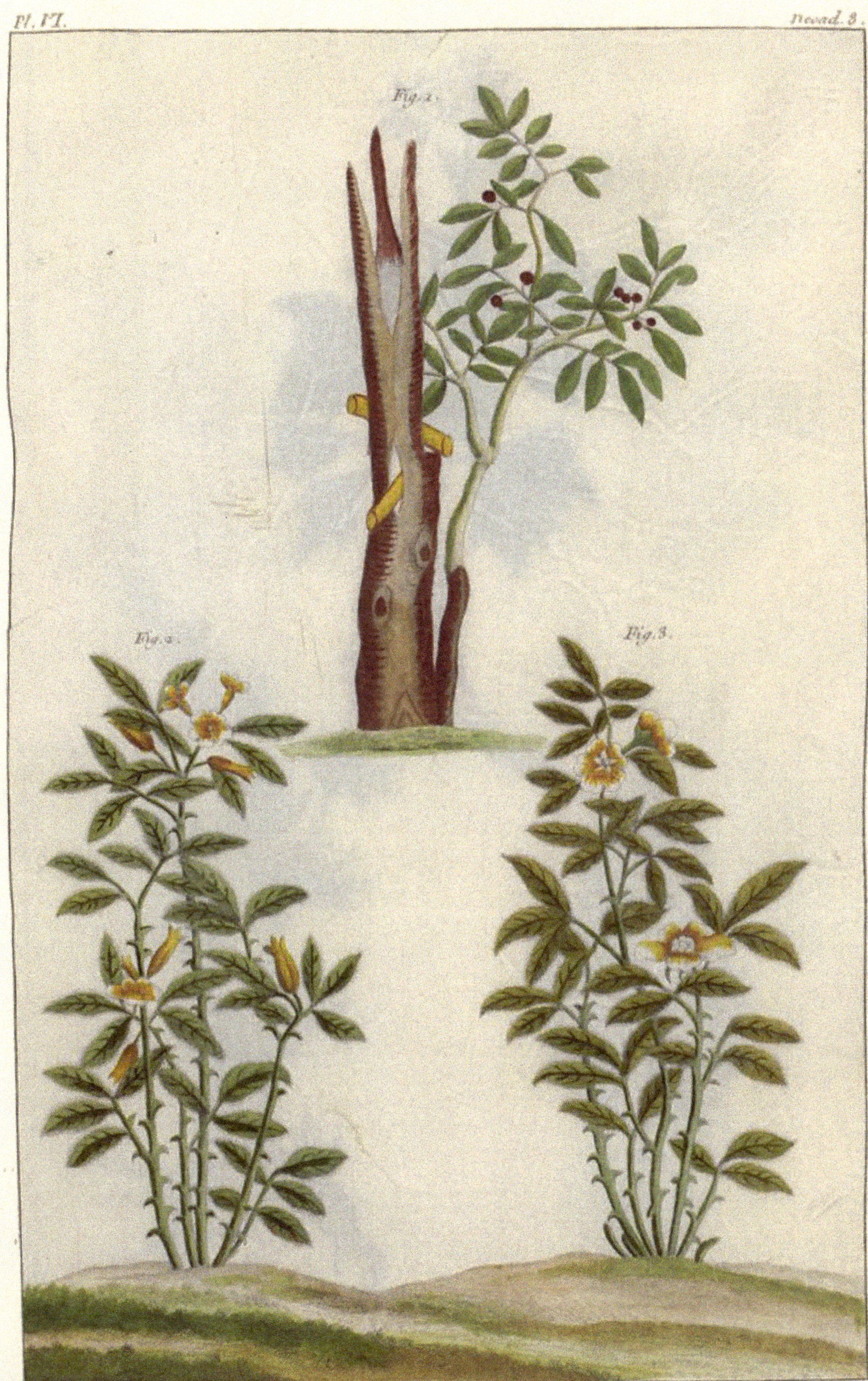

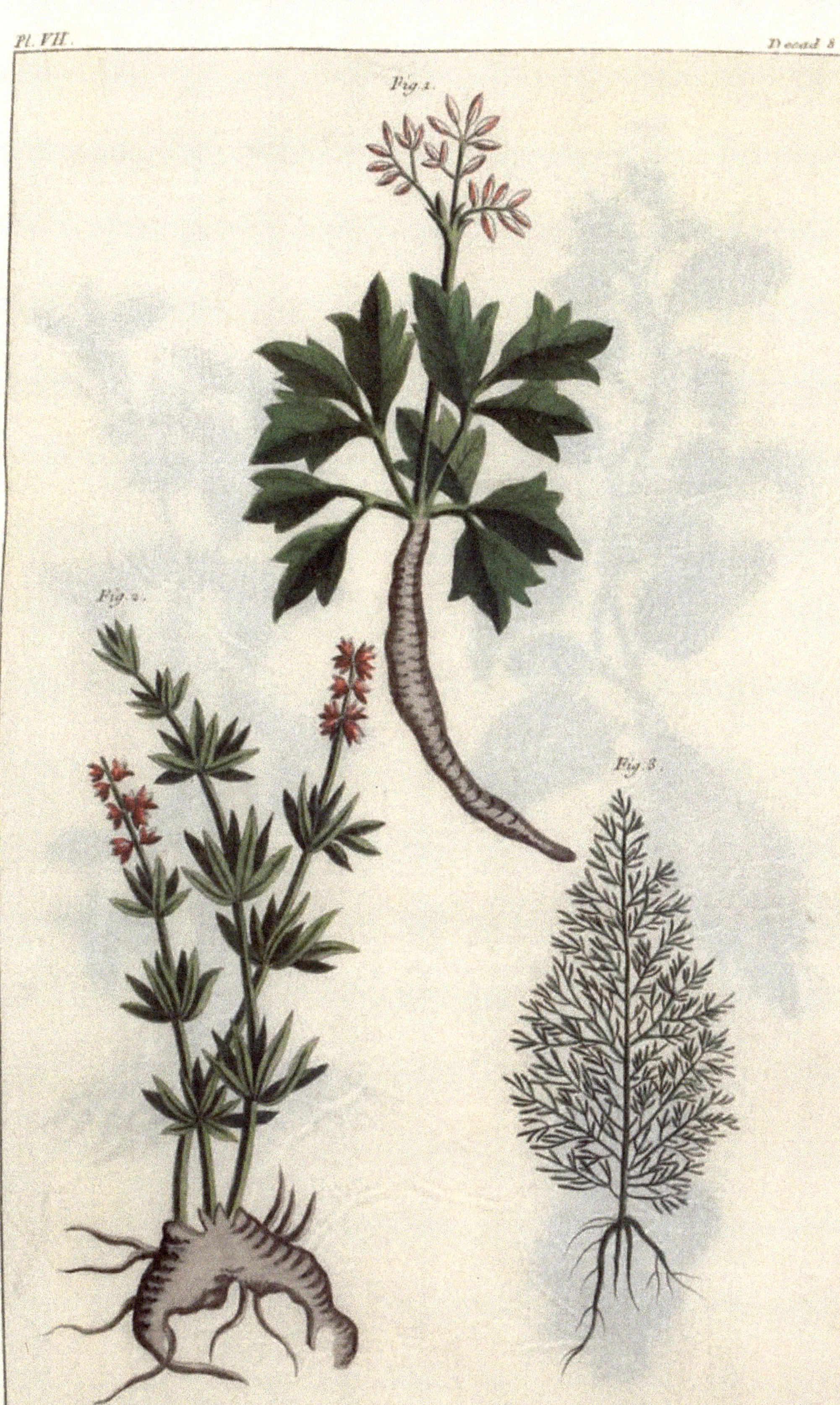
Fig. 1.
Fig. 2.
Fig. 3.

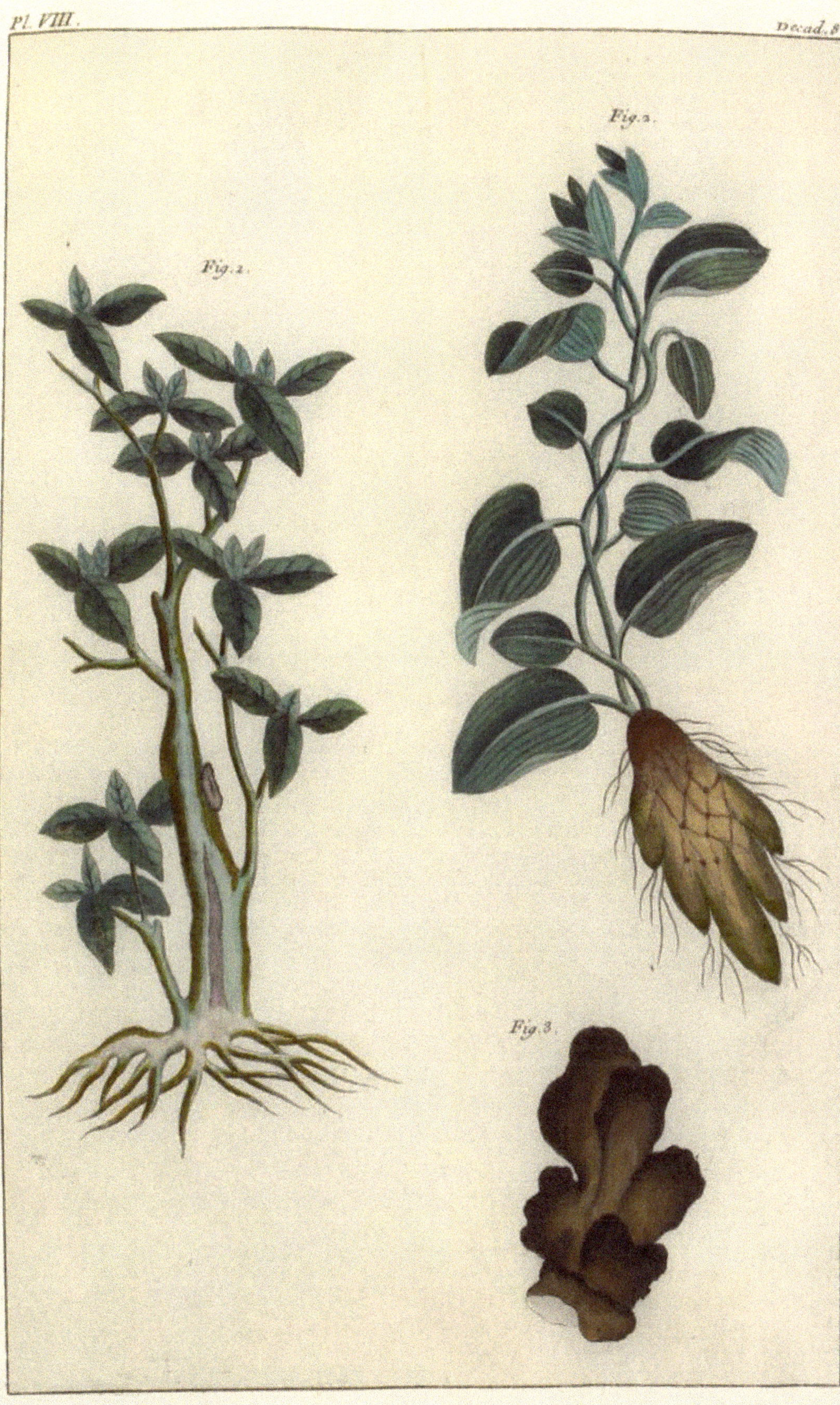
Fig.2.
Fig.2.
Fig.3.

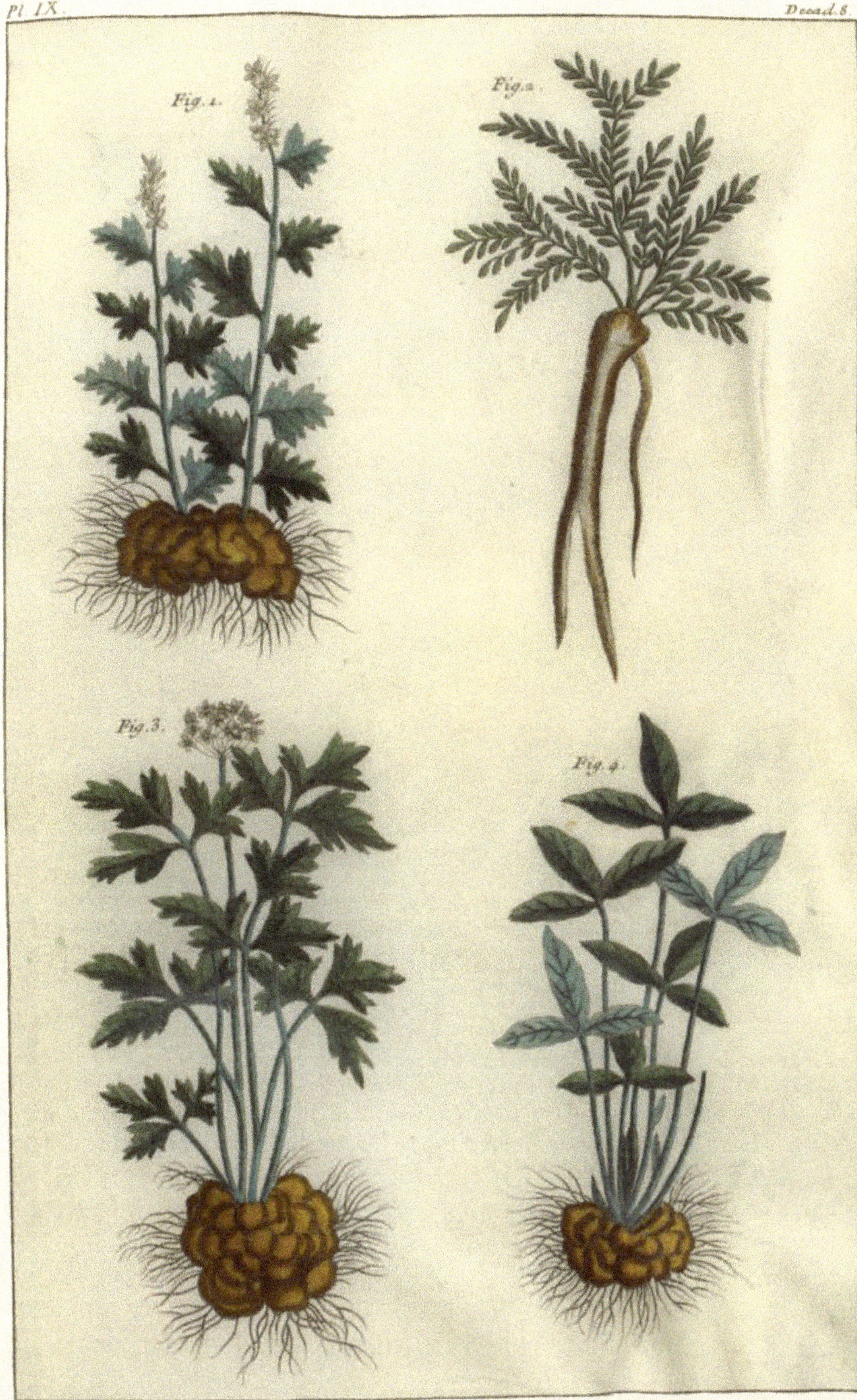
Fig. 1.
Fig. 2.
Fig. 3.
Fig. 4.

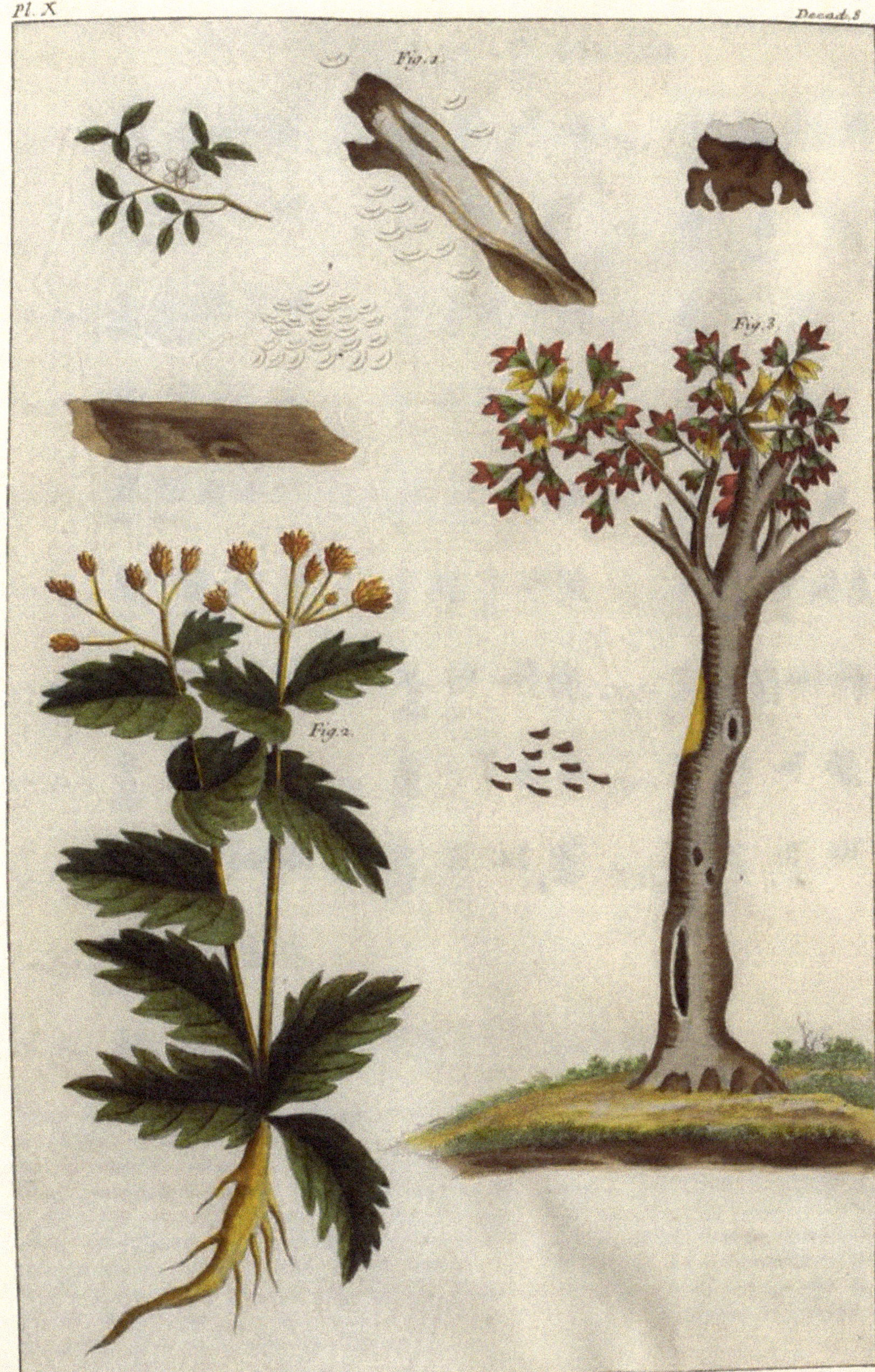
Pl. X
Decad. 8
Fig. 1
Fig. 2
Fig. 3

EXPLICATION DES PLANCHES
de la 8.e Decade.

Pl. 1. Fig. 1. 蘆漏州單 *Lŏ Lieŏ* — *Fig. 2.* 蘆漏州海 *Lŏ Lieŏ* — *Fig. 3.* 斷續州絳 *Tŏan Siu*

Pl. 2. Fig. 1. 子明决州滁 *Tze ming Kine* — *Fig. 2.* 子明决 *Tze ming Kine* — *Fig. 3.* 精名天 *Tsing ming Tien*

Pl. 3. Fig. 1. 子床蛇京南 *Tze Tchoang che* — *Fig. 2.* 子膚地州密 *Tze fŏ Ti* — *Fig. 3.* 冬 ˋ 忍 *Tong gin*

Pl. 4. Fig. 1. 參丹州隨 *chin Tan* — *Fig. 2.* 子味五州越 *Tze ŏu ŏ* — *Fig. 3.* 根茵 *Ken Tuen*

Pl. 5. Fig. 1. 風防府中河 *fong fang* — *Fig. 2.* 風防州解 *fong fang* — *Fig. 3.* 斷續州越 *Tŏan Siu*

Pl. 6. Fig. 1. 腦*龍州廣 *nao Long* — *Fig. 2.* 子櫻金州宜 *Tze ing Kin* — *Fig. 3.* 子櫻金州泉 *Tze ing Kin*

Pl. 7. Fig. 1. 參沙州歸 *chin cha* — *Fig. 2.* 參沙州隨 *chin cha* — *Fig. 3.* 蒿蔯茵州絳 *hao Tchin Tin*

Pl. 8. Fig. 1. 香木 *hiang mŏ* — *Fig. 2.* 藥山軍康永 *yo chan* — *Fig. 3.* 苓豬州龍 *Lin Tchŭ*

Pl. 9. Fig. 1. 藭芎府翔鳳 *Kiong hiong* — *Fig. 2.* 耆黃州憲 *Ki hoang* — *Fig. 3.* 藭芎川四 *Kiong hiong*

et Fig. 4. 藭芎軍康永 *Kiong hiong*

Pl. 10. Fig. 1. 祖鑕木伐 — *Fig. 2.* 行留不王府寧江 *hing Lieŏ pŏ tang* — *Fig. 3.* 香楓 *hiang fong*

Nota, l'Empressement, que le public fait paroitre pour se procurer cette collection de planches enluminées d'histoire naturelle, ne contribue pas peu a en accelerer l'exécution, nous sommes deja parvenus au huitieme cahier; les deux suivans paroitront incessamment, ils formeront avec les huit, qui precedent le premier volume et le tiers de l'ouvrage, a l'egard de la collection des fleurs qui se cultivent dans les jardins de la Chine et dans ceux de l'Europe, que nous publions conjointement, nous sommes deja parvenus au cinquieme cahier, nous en distribuerons encore cinq autres d'icy au mois d'avril prochain; les dix cahiers qui comprendront Cent Planches, formeront le Recueil complet des fleurs, qui se cultivent dans les jardins de la Chine, et le premier Volume de ce recueil; le second Volume sera destiné aux fleurs qu'on cultive dans les jardins de l'Europe.

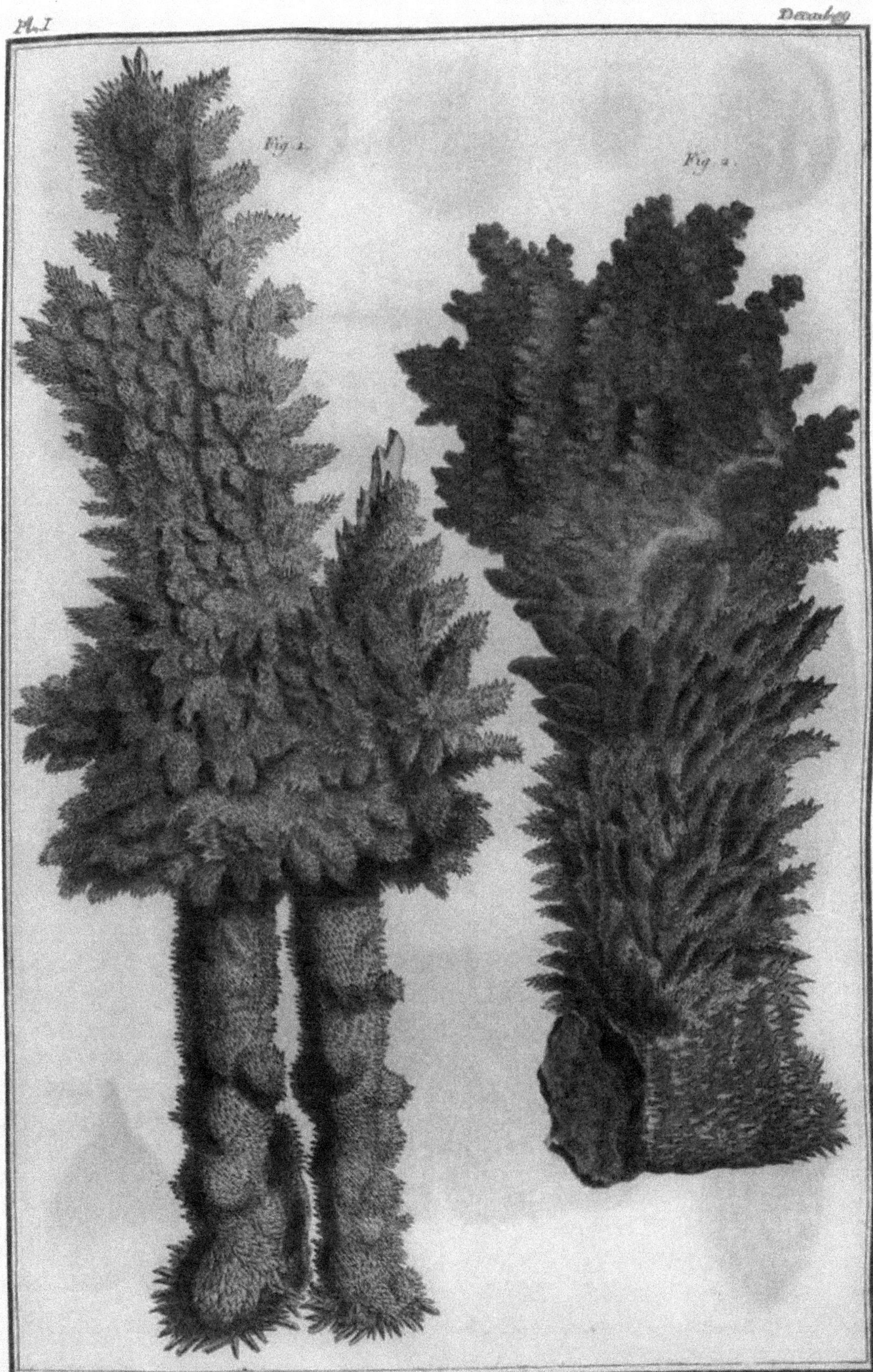
Pl. I
Fig. 1.
Fig. 2.

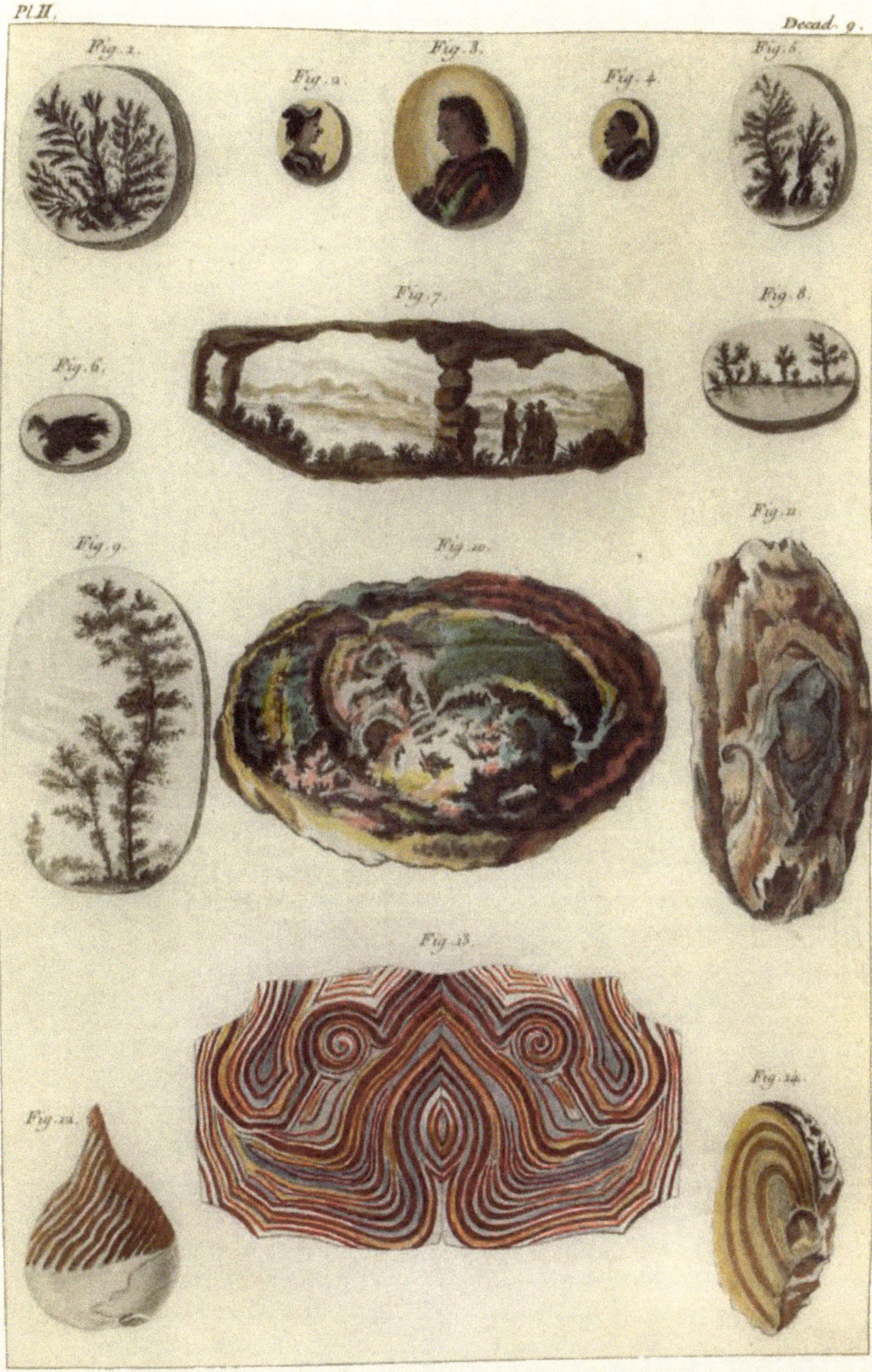
Pl. II.
Decad. 9.
Fig. 1.
Fig. 2.
Fig. 3.
Fig. 4.
Fig. 5.
Fig. 6.
Fig. 7.
Fig. 8.
Fig. 9.
Fig. 10.
Fig. 11.
Fig. 12.
Fig. 13.
Fig. 14.

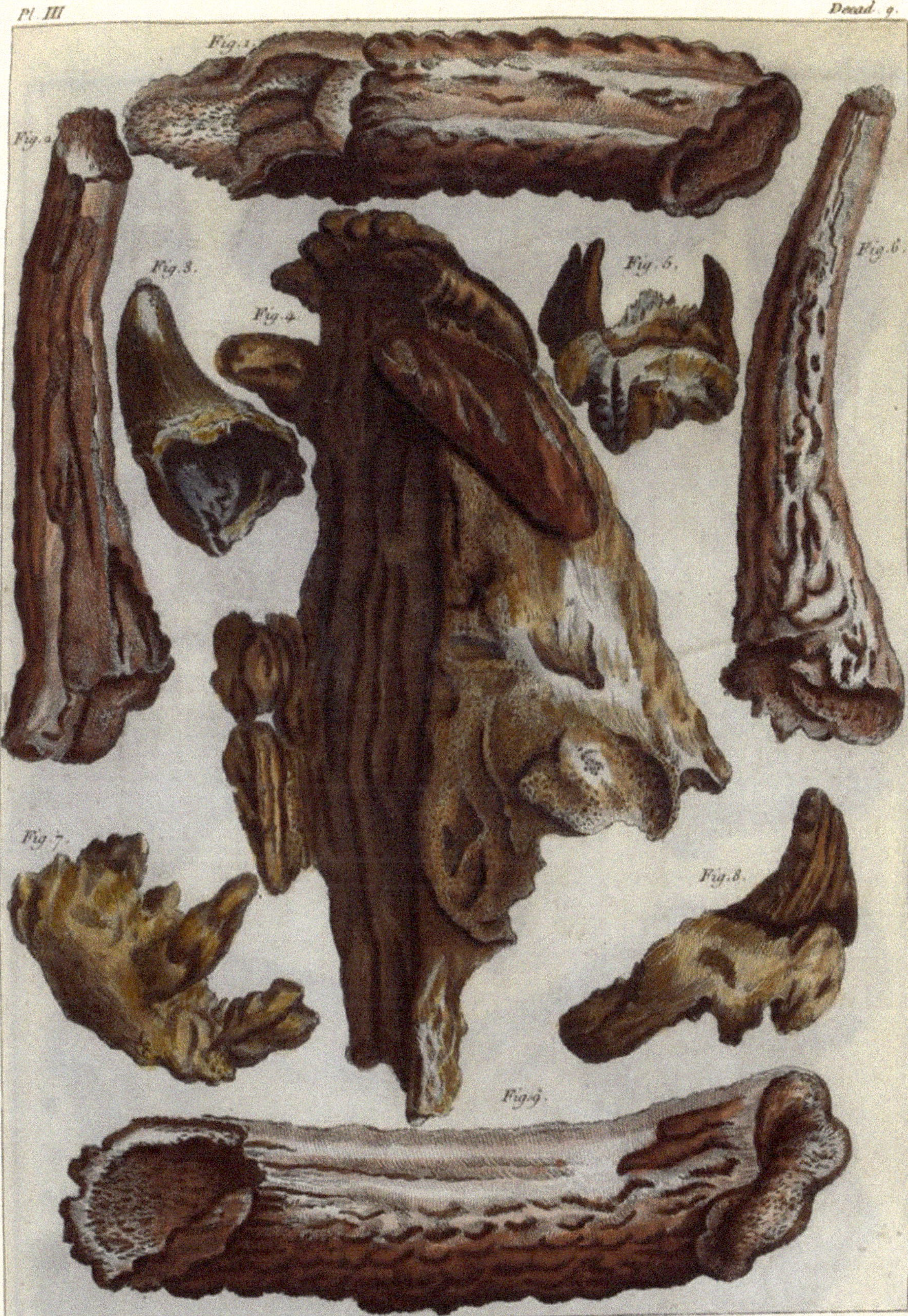
Fig. 1.
Fig. 2.
Fig. 3.
Fig. 4.
Fig. 5.
Fig. 6.
Fig. 7.
Fig. 8.
Fig. 9.

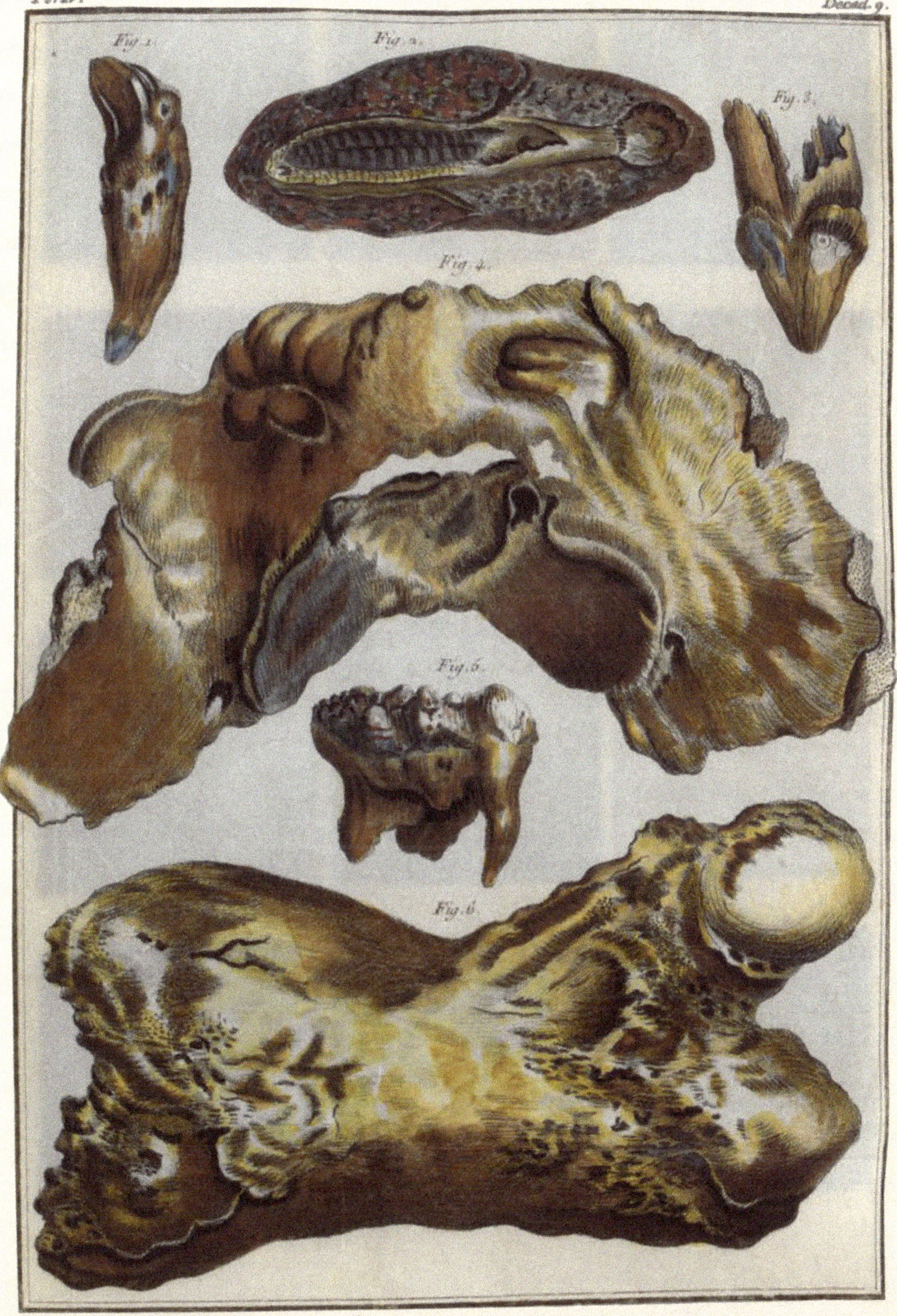
Pl. IV.
Decad. 9.
Fig. 1.
Fig. 2.
Fig. 3.
Fig. 4.
Fig. 5.
Fig. 6.

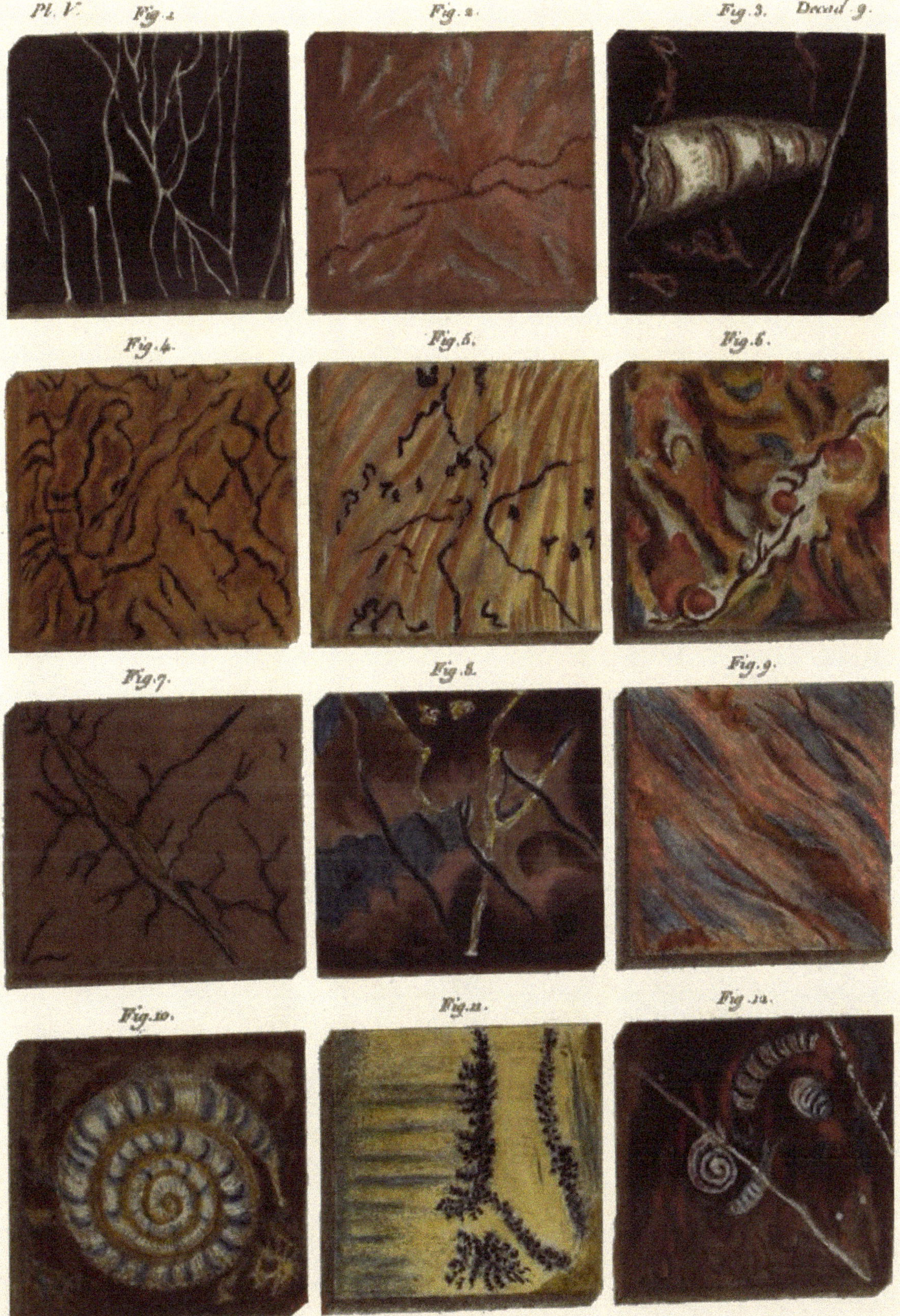

Pl. V.
Fig. 1.
Fig. 2.
Fig. 3.
Decad. 9.
Fig. 4.
Fig. 5.
Fig. 6.
Fig. 7.
Fig. 8.
Fig. 9.
Fig. 10.
Fig. 11.
Fig. 12.

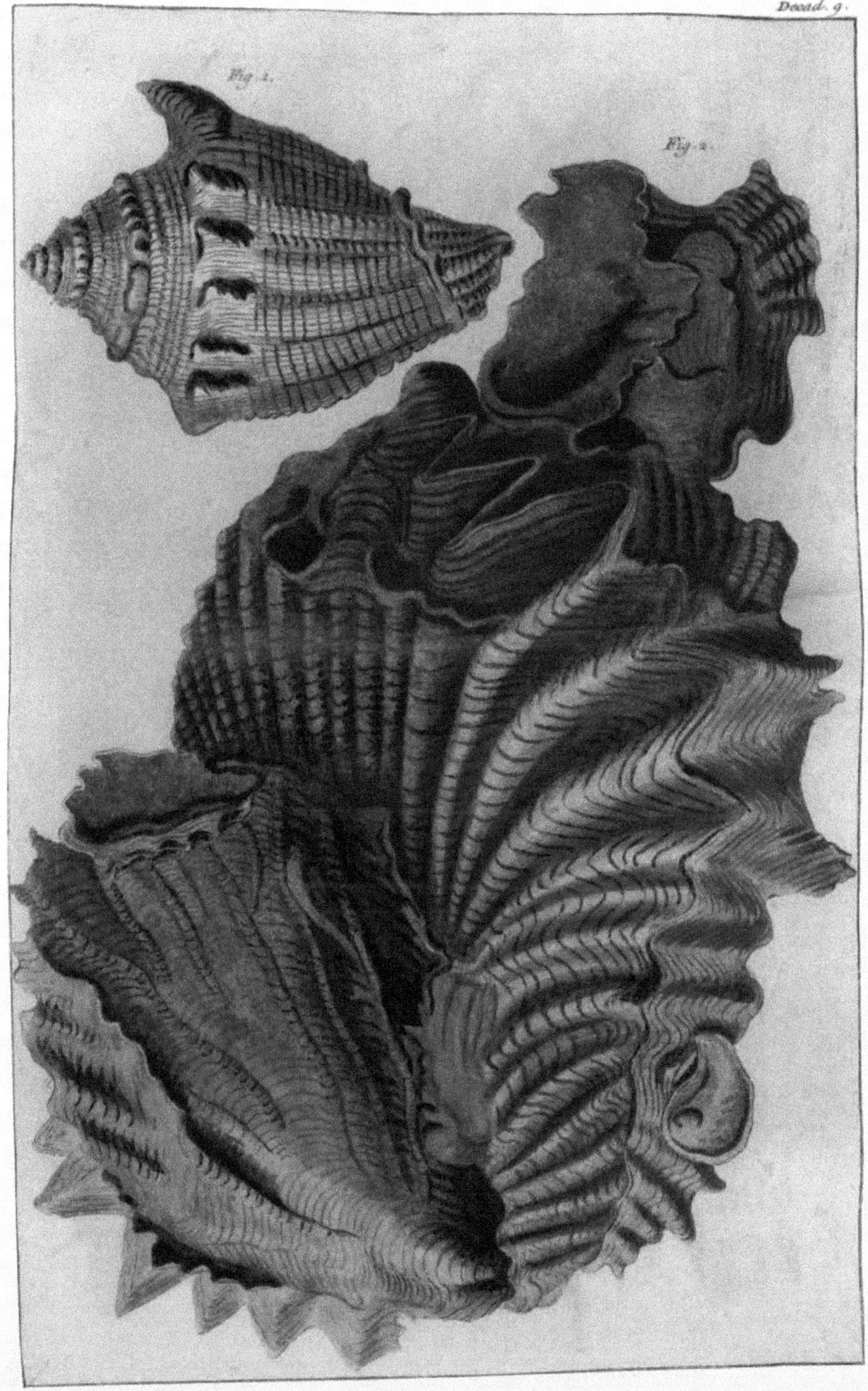
Fig. 1.
Fig. 2.

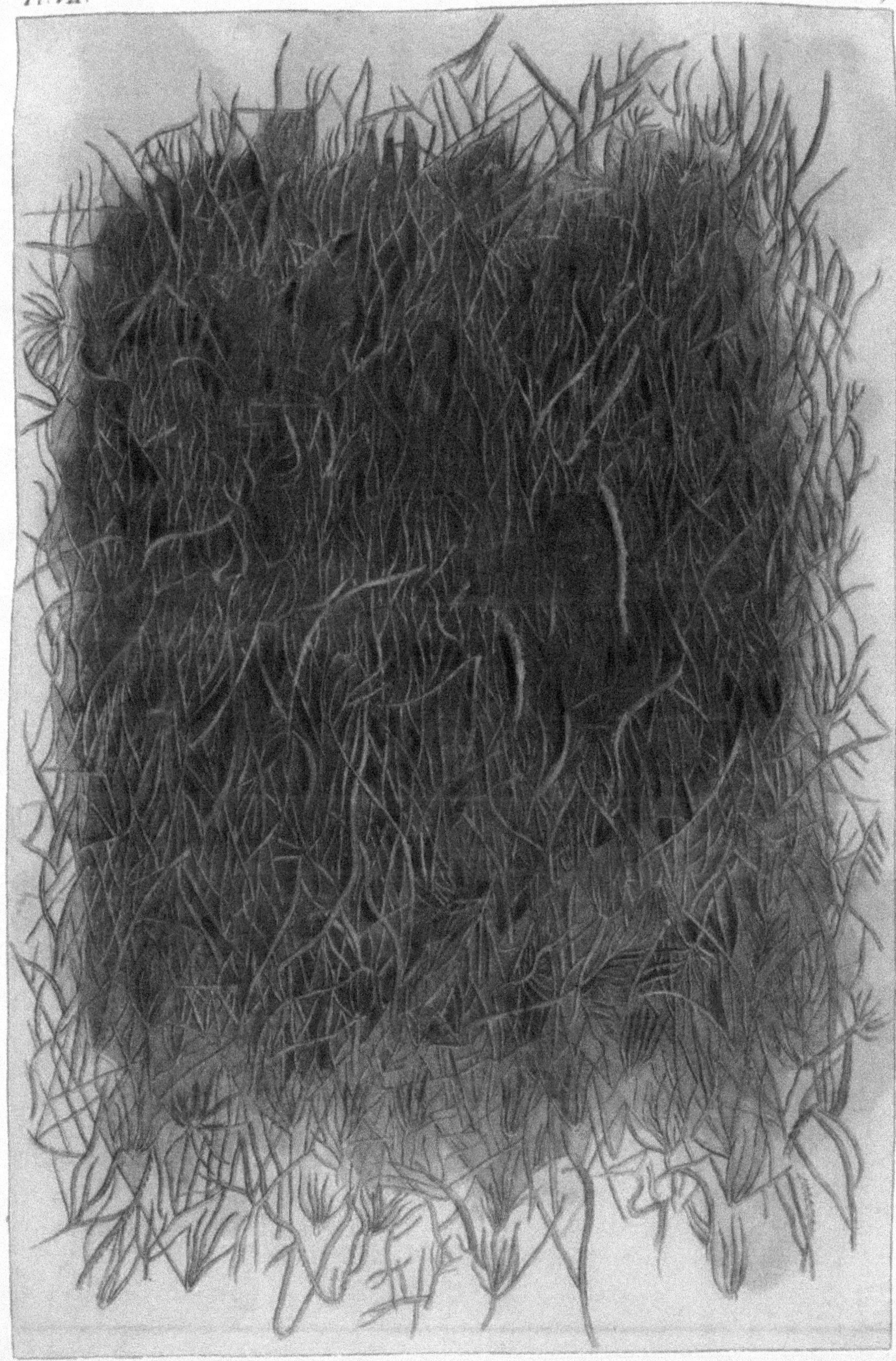

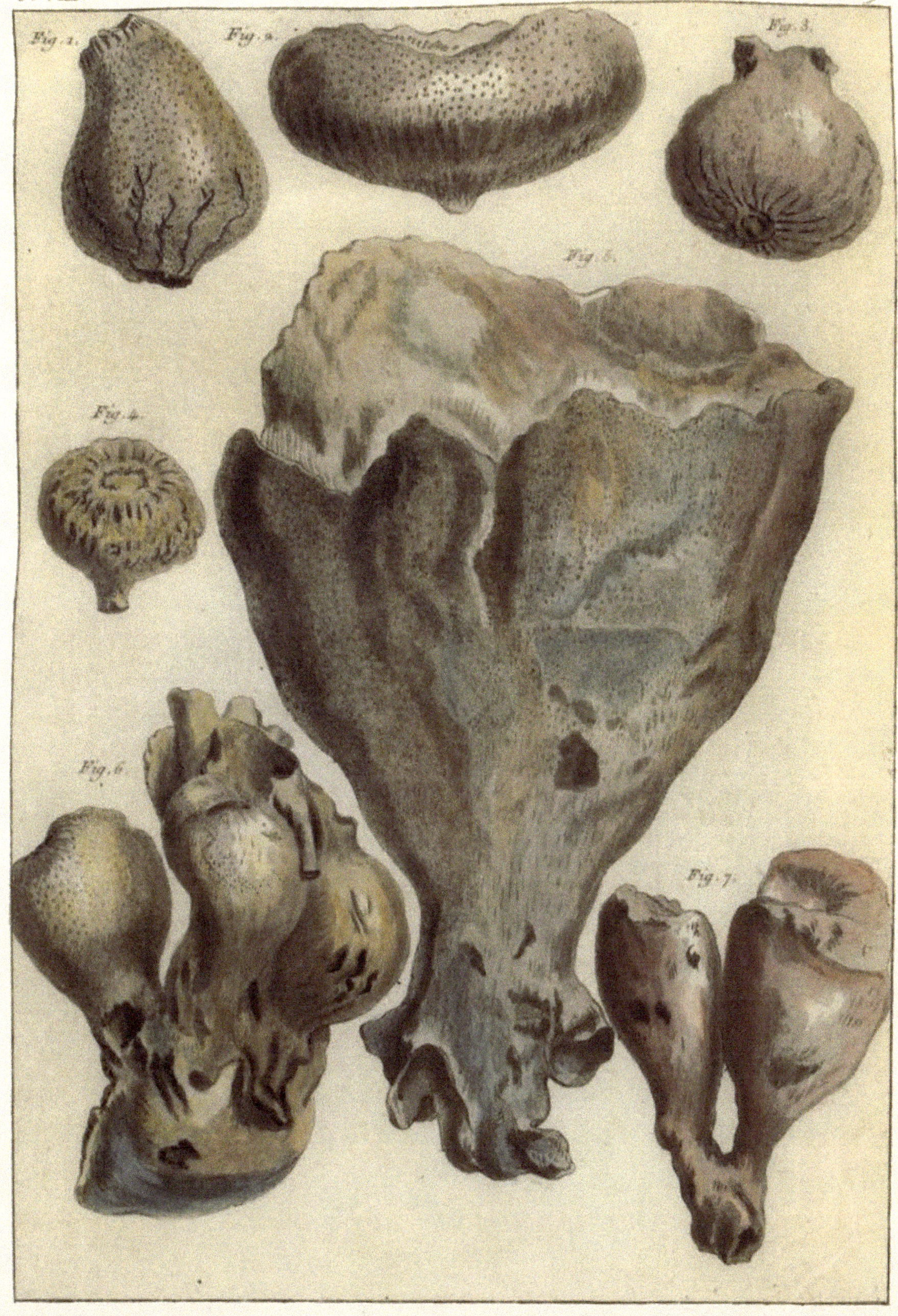
Fig. 1.
Fig. 2.
Fig. 3.
Fig. 5.
Fig. 4.
Fig. 6.
Fig. 7.

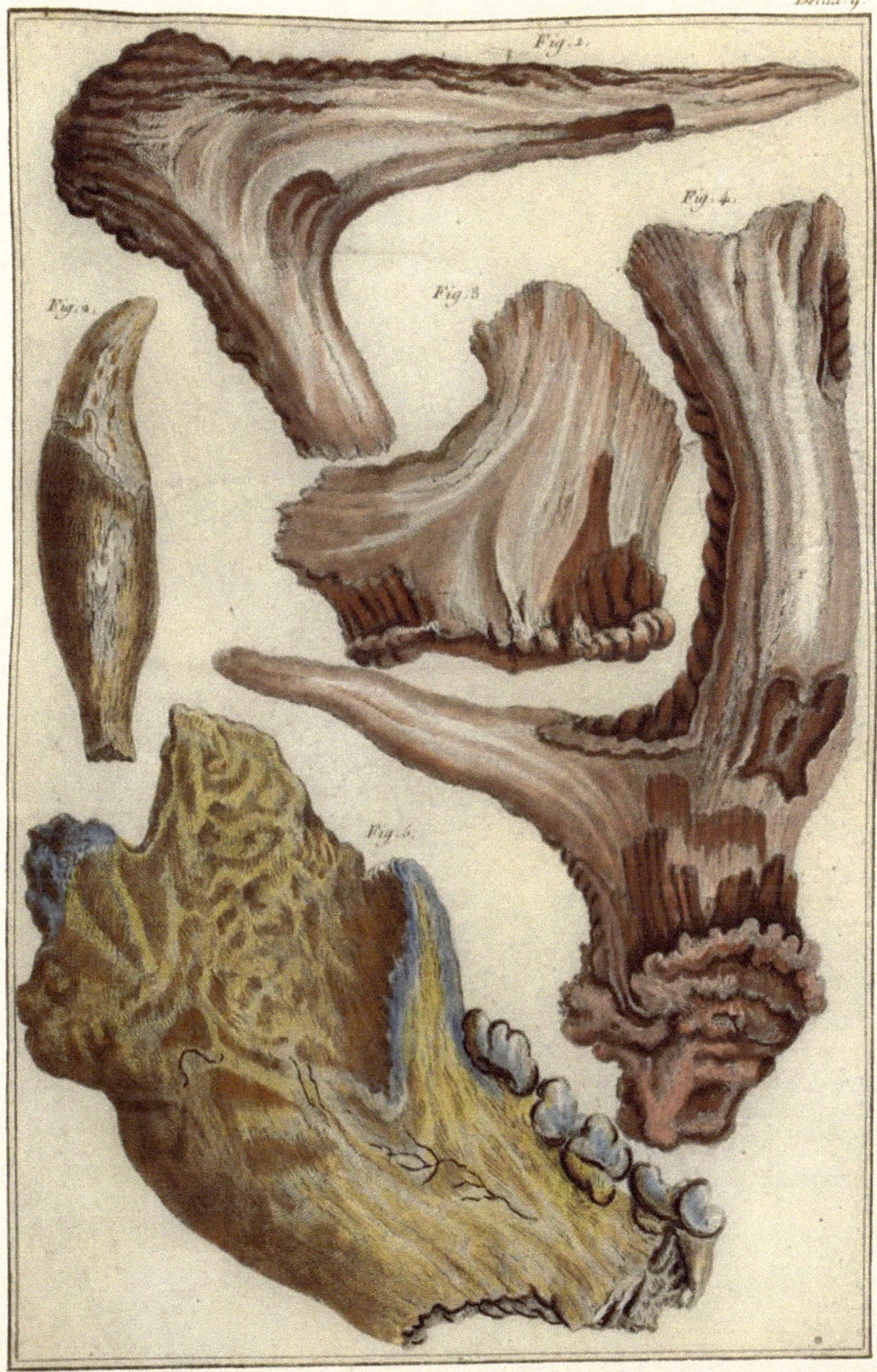
Fig. 1.
Fig. 2.
Fig. 3.
Fig. 4.

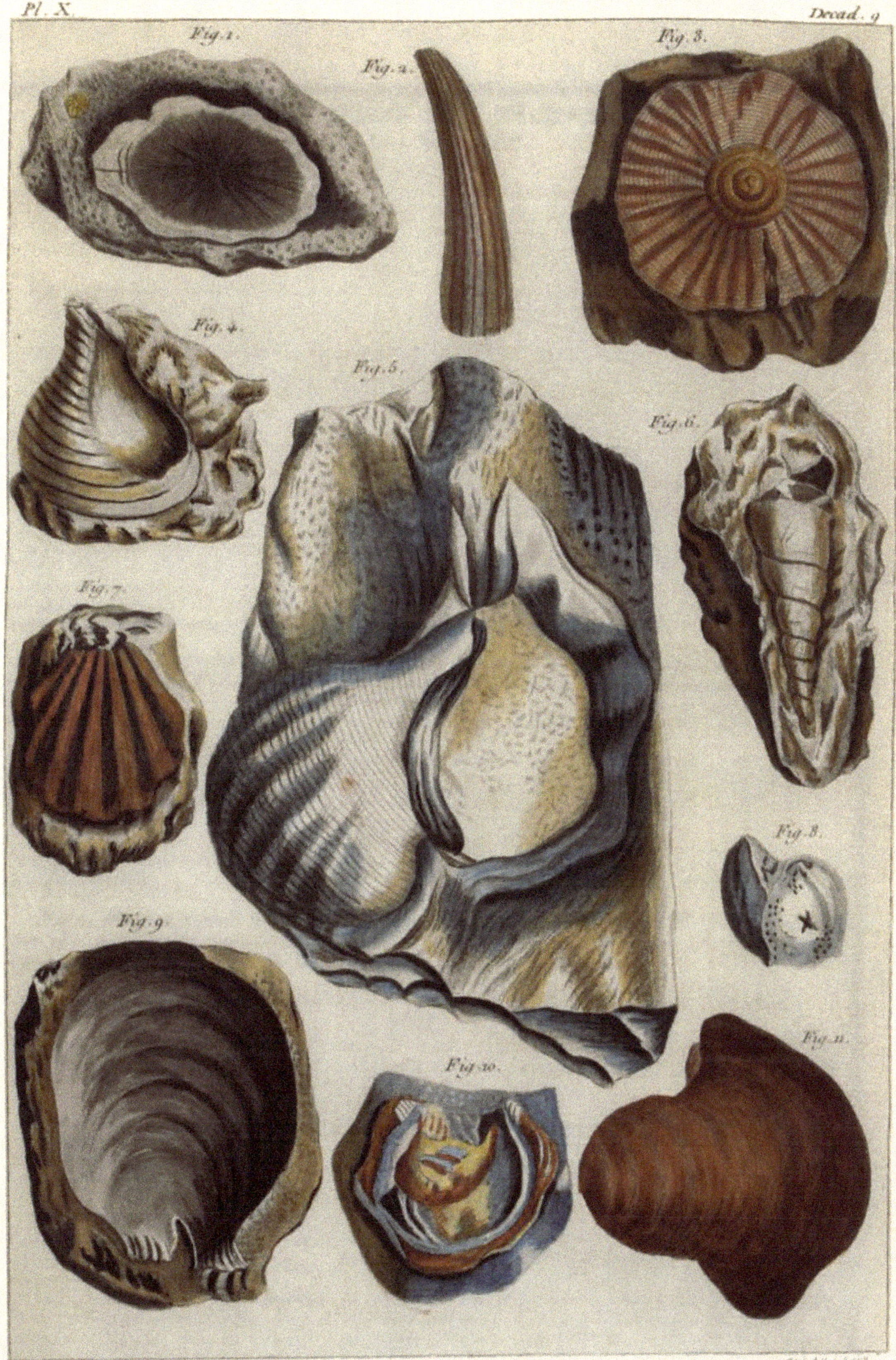
Pl. X.
Decad. 9
Fig. 1.
Fig. 2.
Fig. 3.
Fig. 4.
Fig. 5.
Fig. 6.
Fig. 7.
Fig. 8.
Fig. 9.
Fig. 10.
Fig. 11.

EXPLICATION DES PLANCHES
de la 9.e Decade.

PLANCHE I.

Fig. 1. Stalactite des Grottes des Cevenes formant un Groupe de deux trons d'Arbres avec leurs cimes, qu'on pourroit prendre pour des Sapins. Fig. 2. Autre Stalactite du même endroit qui represente pareillement un Arbre dont le tronc est garni d'epines et de feuillages; ces deux morceaux se trouvent dans le Cabinet d'histoire naturelle du Seminaire de S.t Sulpice.

PLANCHE II.

Fig. 1. Dendrite representant un buisson sur un fond clair. Fig. 2. Dendrite representant le portrait d'un Maure ayant un bonnet à l'espagnole. Fig. 3. Autre Dendrite representant une autre espece de portrait Maure sur un fond clair, dont on apperçoit très distinctement la figure de la tête et l'habillement; on pourroit prendre cette figure pour être du fameux Rembrant, tant elle est naturelle, quoi que ce soit un pur jeu de la nature. Fig. 4. Autre Dendrite representant le portrait d'un Maure. Fig. 5. Nouvelle Dendrite representant deux troncs d'arbres qui jettent quelques rameaux avec une petite broussaille à coté. Fig. 6. Dendrite representant un Oiseau qui a les Ailes ouvertes. Fig. 7. Pierre de Florence representant une Grotte ouverte de tous côtés avec quelques piliers qui en soutiennent la voute, dans le fond il y a un lointain avec un ciel qui fait valoir tout le reste, mais ce qu'on y remarque de plus singulier est un grouppe de trois hommes peu distincts dans leurs contour, le quel se voit sur la terrasse du devant. Fig. 8. Dendrite representant un Etang bordé par plusieurs Arbres. Fig. 9. Pierre de Florence à fond blanc et lisse representant deux Arbres detachés. Fig. 10. Caillou d'Orient representant differens compartimens. Fig. 11. Caillou d'Egypte representant une espece d'enfant emmailloté connu sous le nom de Puer in fasciis. Fig. 12. Agathe taillée en forme de poire et barriolée de lignes tournantes et rougeatres sur un fond gris de lin. Fig. 13. Agathe d'Allemagne à fond violet clair et à Zones blanches et couleur de rose. Fig. 14. Agathe jaune marquée de plusieurs cercles concentriques, le tout tiré de l'Oryctologie de M. d'Argenville.

PLANCHE III.

Fig. 1. 2. 6. et 9. Differens bois de Cerf petrifiés trouvés dans le Dauphiné à un quart de lieue de Montelimar. Fig. 3. 5. 7. et 8. Differens Odontopetres fossiles d'animaux qui se trouvent dans une Caverne du Margraviat de Bareith. Fig. 4. Fragment petrifié d'une Machoire superieure avec sa plus grande partie des dents, trouvée dans la même Caverne.

PLANCHE IV.

Fig. 1. 3. et 5. Representant differentes petrifications d'Animaux trouvées dans la Caverne cy dessus nommée. Fig. 2. Belemnite trouvée auprès de Dantzick. Fig. 4. Vertebre du col petrifié d'un Animal inconnu trouvé dans la Caverne du Margraviat de Bareith. Fig. 6. Fragment petrifié d'un Os de femur trouvé dans la même grotte.

PLANCHE V.

Differentes especes de Marbres representant divers accidens et où se trouvent incrustés quelque fossiles.

PLANCHE VI.

Fig. 1. Rocher fossile de la Grotte de Courtagnon. Fig. 2. Crete de Coq d'une grandeur plus qu'ordinaire trouvée en Bretagne ces deux morceaux sont tirés du Cabinet d'histoire naturelle du Seminaire S.t Sulpice.

PLANCHE VII.

Mousse petrifiée tirée aussi du Cabinet d'histoire naturelle du Seminaire de S.t Sulpice.

PLANCHE VIII.

Fig. 1. 2. 3. 4. 6. et 7. Differens madrepores ficoïdes trouvés dans la Touraine, les deux derniers sont en grouppe. Fig. 5. Madrepore fossile en forme de Calyce tiré du Cabinet de l'Auteur de même que les precedens.

PLANCHE IX.

Fig. 1. 3. et 4. Differens Bois fossiles de Cerfs trouvés auprès de Montelimart dans le Dauphiné. Fig. 2. Dent laniaire fossile trouvée dans la Caverne du Margraviat de Bareith. Fig. 5. Fragment pétrifié d'une Machoire d'animal avec ses Dents trouvé dans le même endroit.

PLANCHE X.

Fig. 1. Lepas fossile vu par sa partie concave. Fig. 2. Dentale petrifié. Fig. 3. Lepas fossile d'un jaune ferrugineux à cercles concentriques, morceau rare. Fig. 4. Figue fossile striée de la famille des Tonnes, gravée en sens contraire. Fig. 5. Limaçon fossile à bouche ronde gravé aussi dans un sens contraire. Fig. 6. Strombite à neuf spires gravée pareillement en sens contraire par inadvertance du Graveur. Fig. 7. Peigne fossile sans oreille. Fig. 8. Poulette petrifiée connue par Klein sous le nom de Bursule. Fig. 9. Peigne fossile à grandes Oreilles vue par la partie concave. Fig. 10. Valve pétrifiée d'une huitre etrangere de la Montagne de Zingares. Fig. 11. Petite Bucardite fossile. Tous ces fossiles ont eté trouvés auprès de Dantzick.

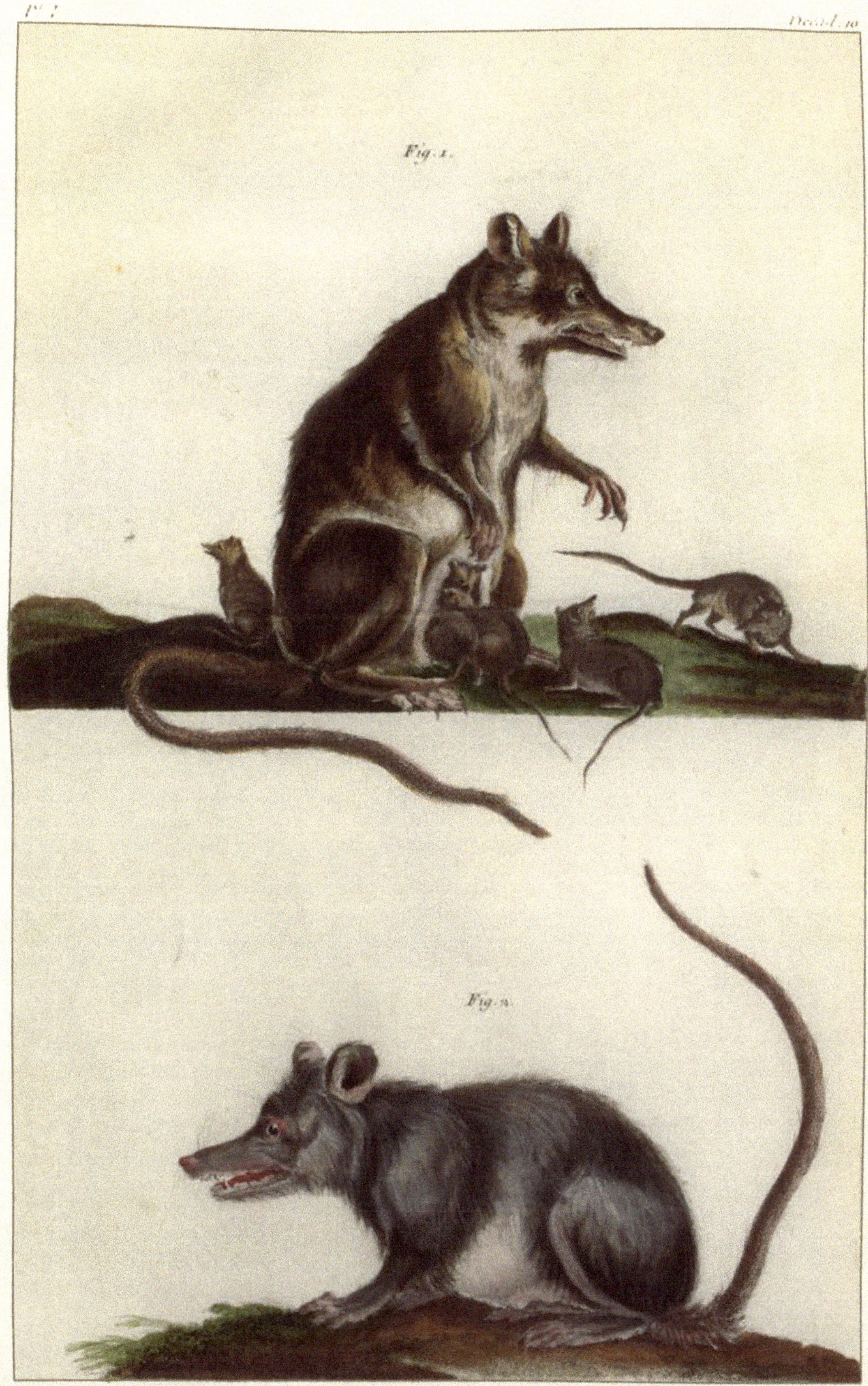
Fig. 1.
Fig. 2.

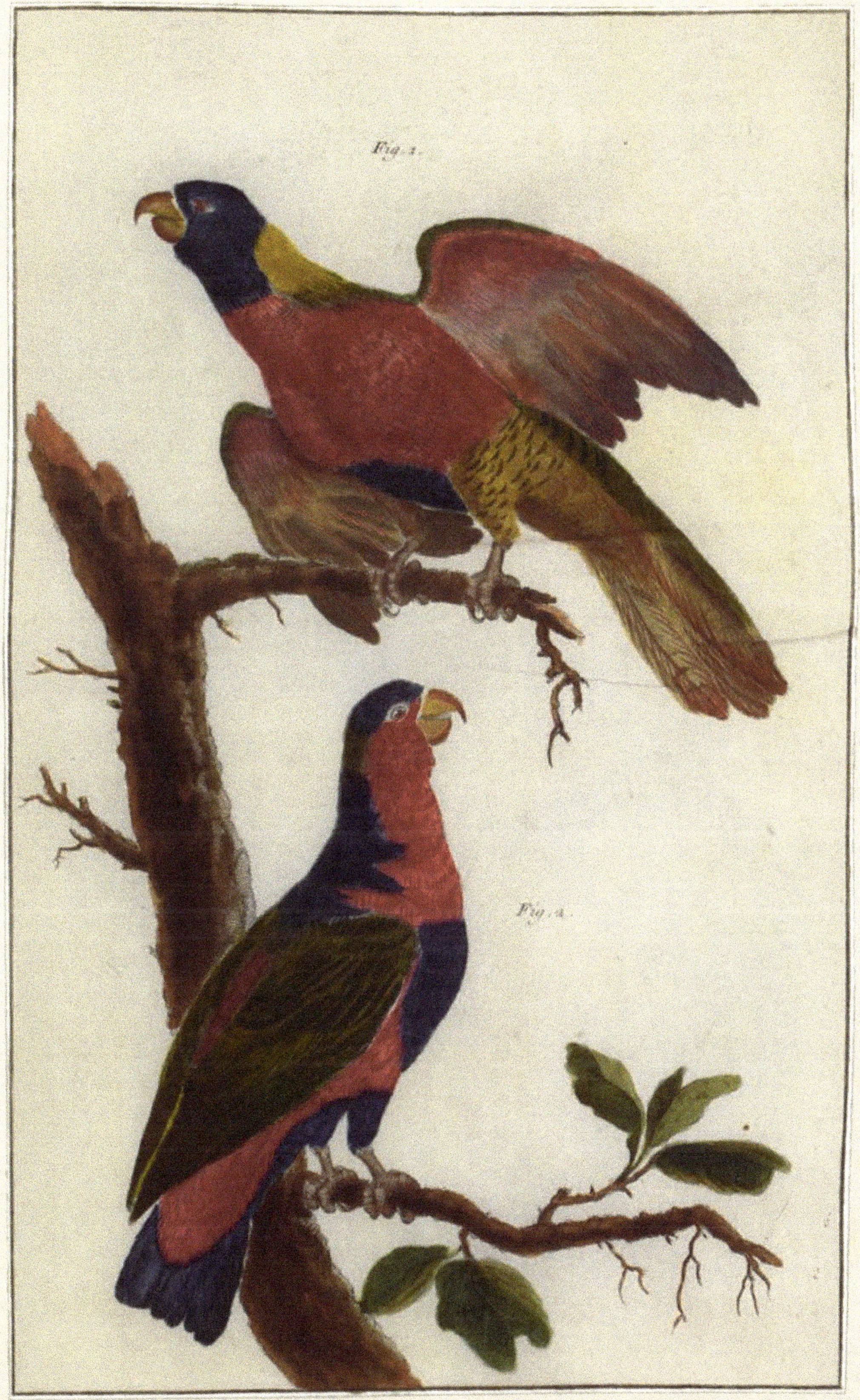

Pl. II
Fig. 1.
Fig. 2.

Fig. 1.

Fig. 2.

Fig. 3.

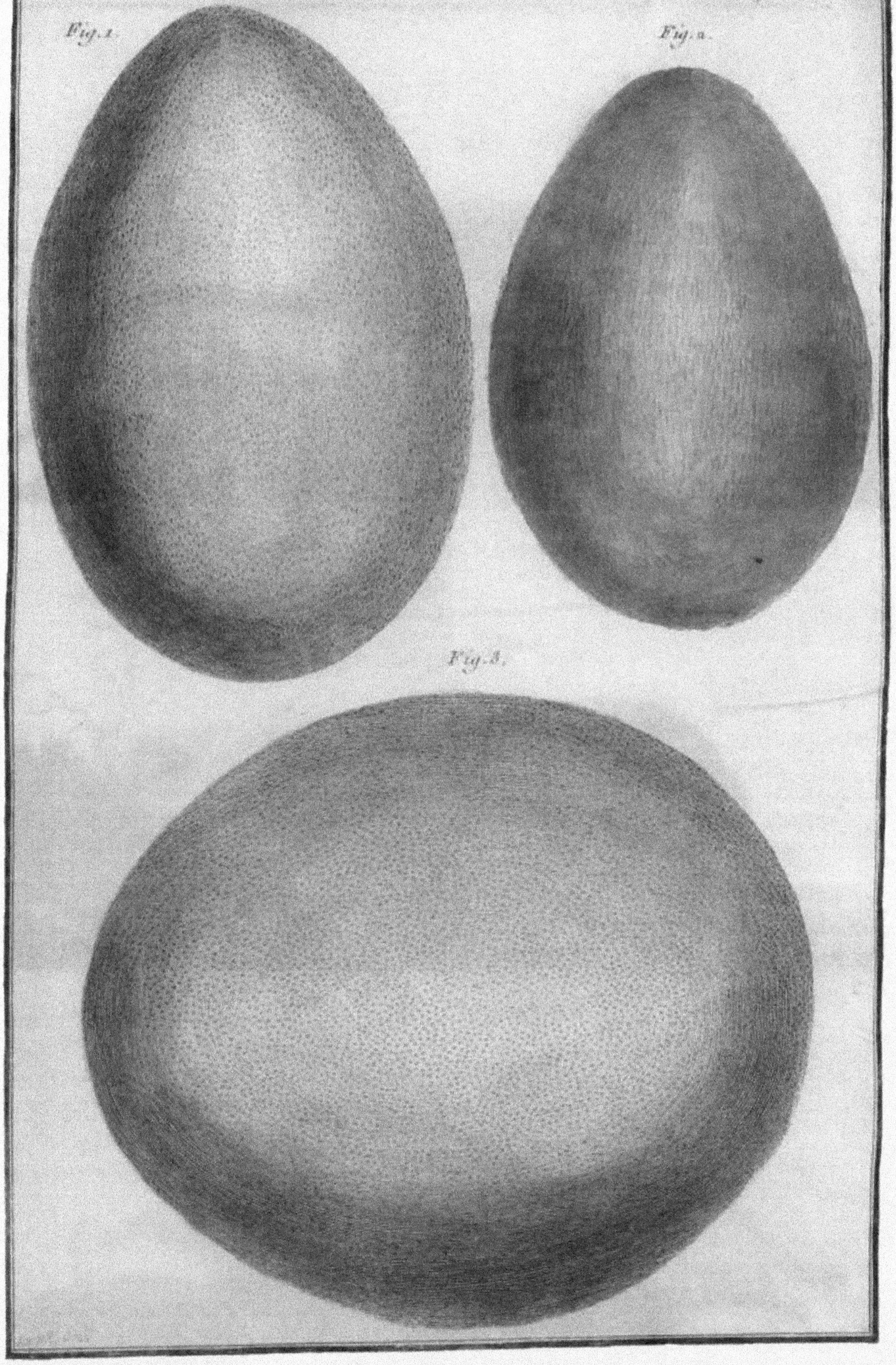

Pl. IV. *David sc.*

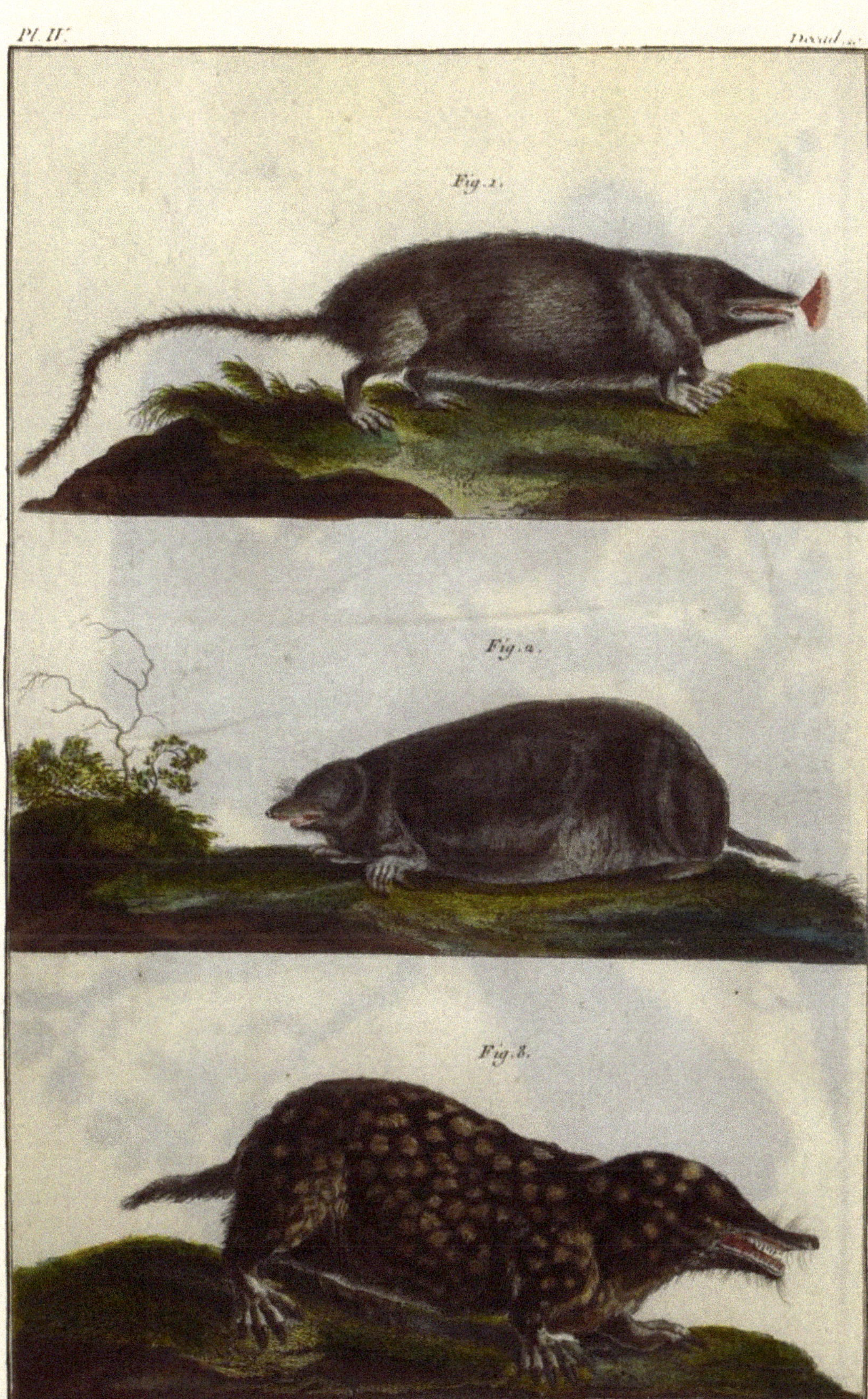

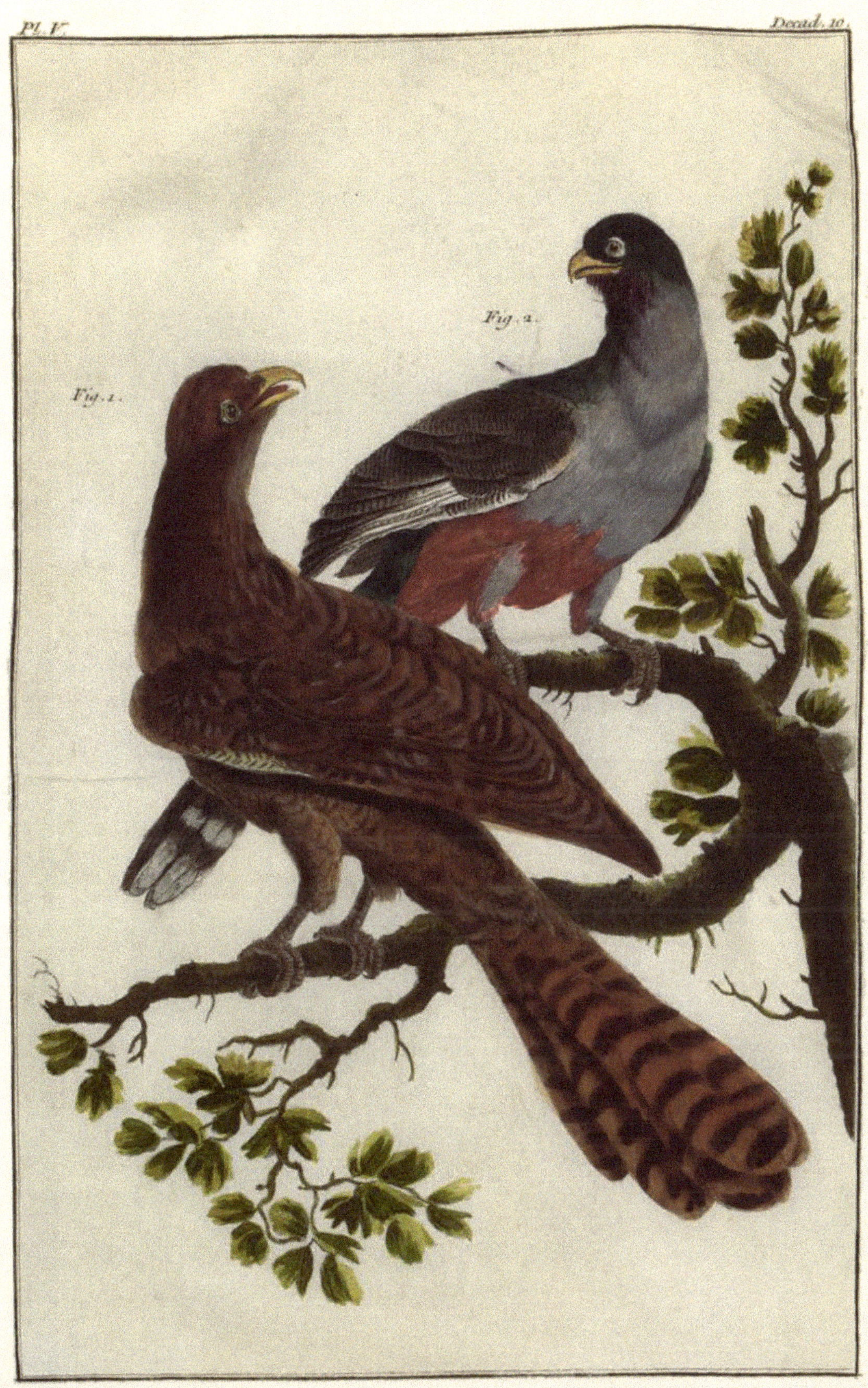
Fig. 2.
Fig. 1.

Pl. VI. Decad. 10.

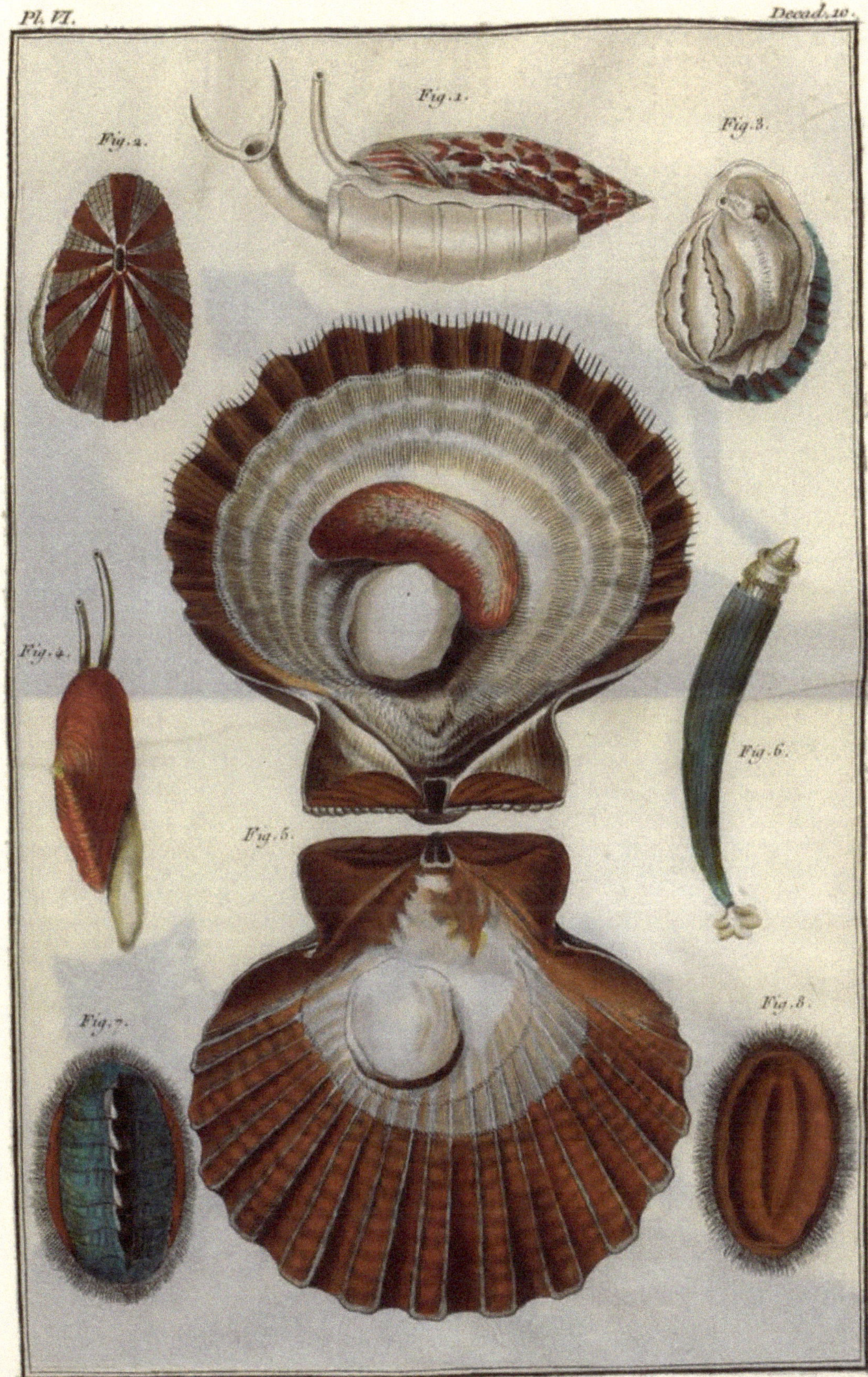

Fig. 1.

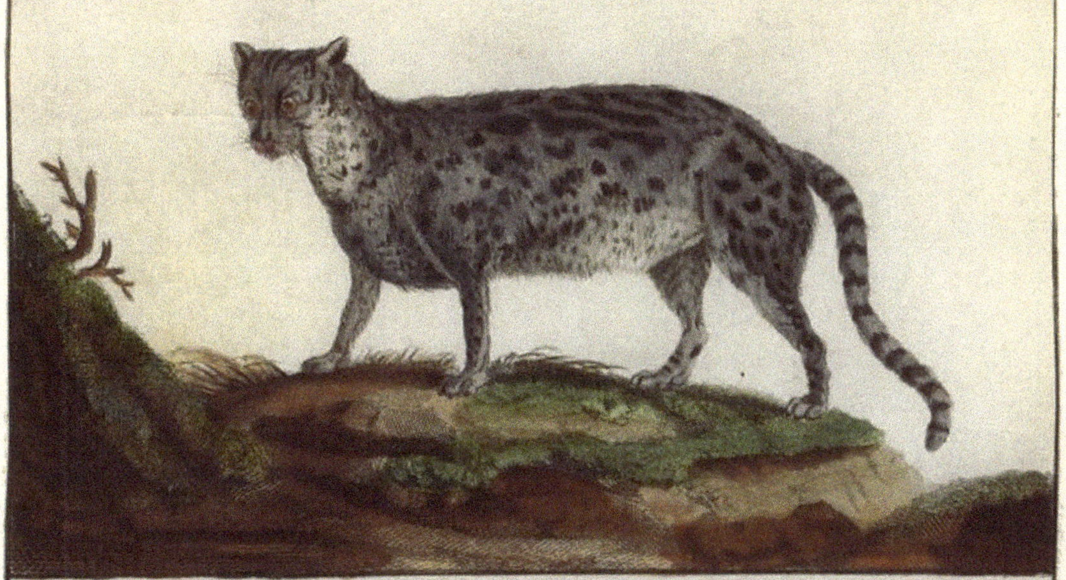

Fig. 2.

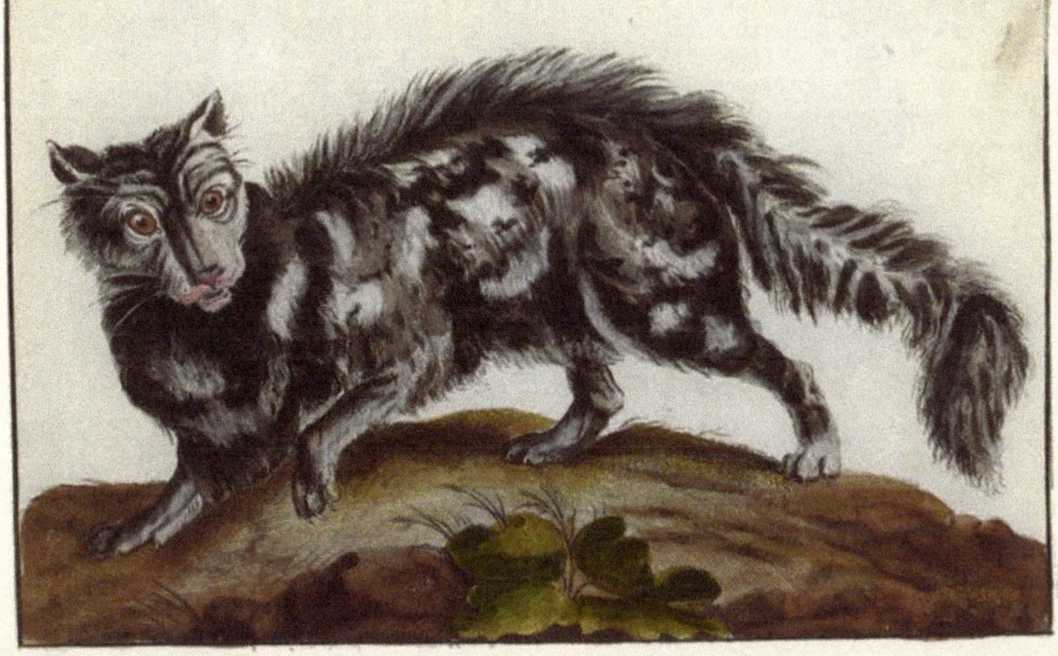

Pl. VIII. Decad. 10

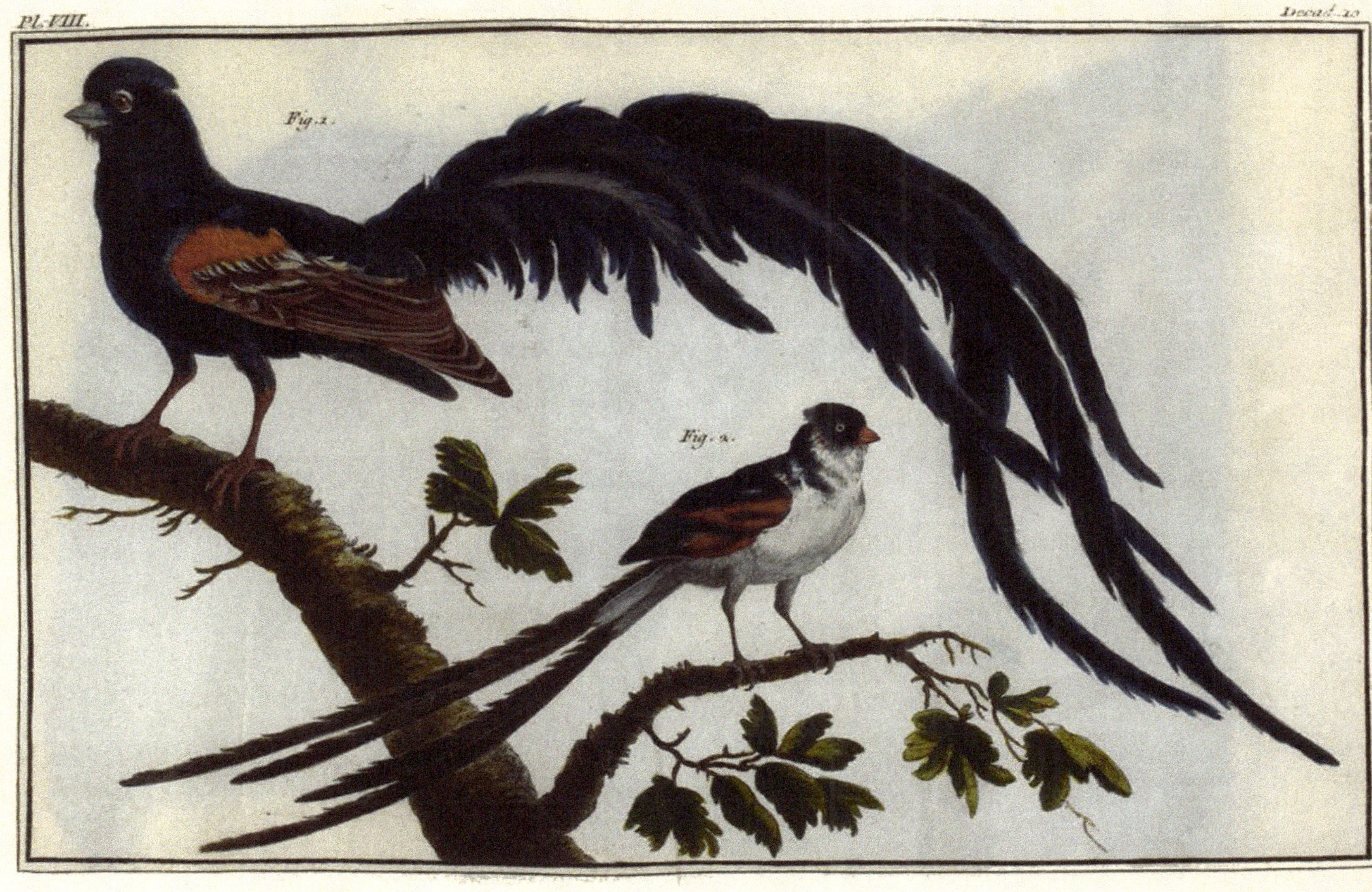

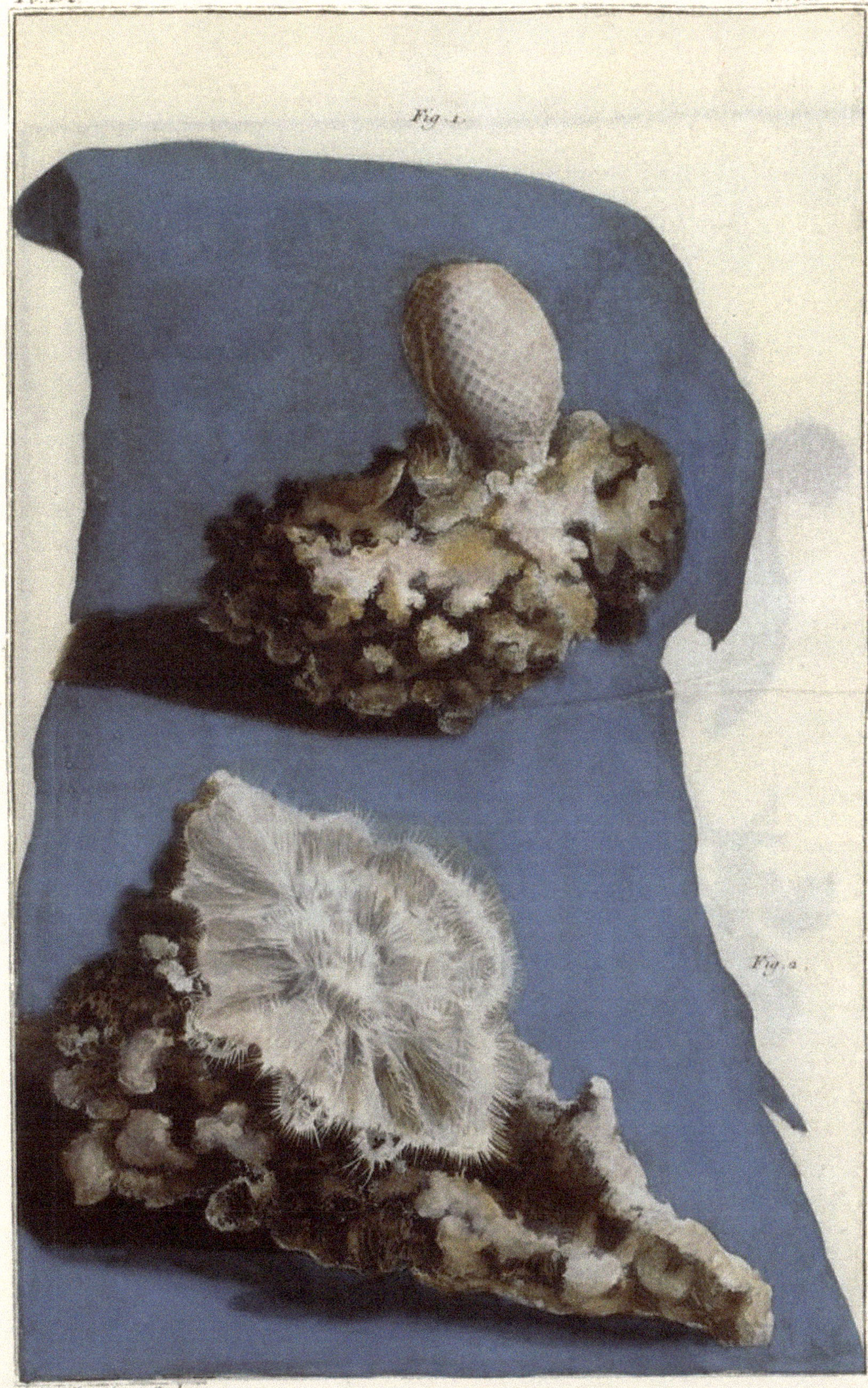

Desmoulins, Pinx et Sculp.

Pl. X.

Decad. 10.

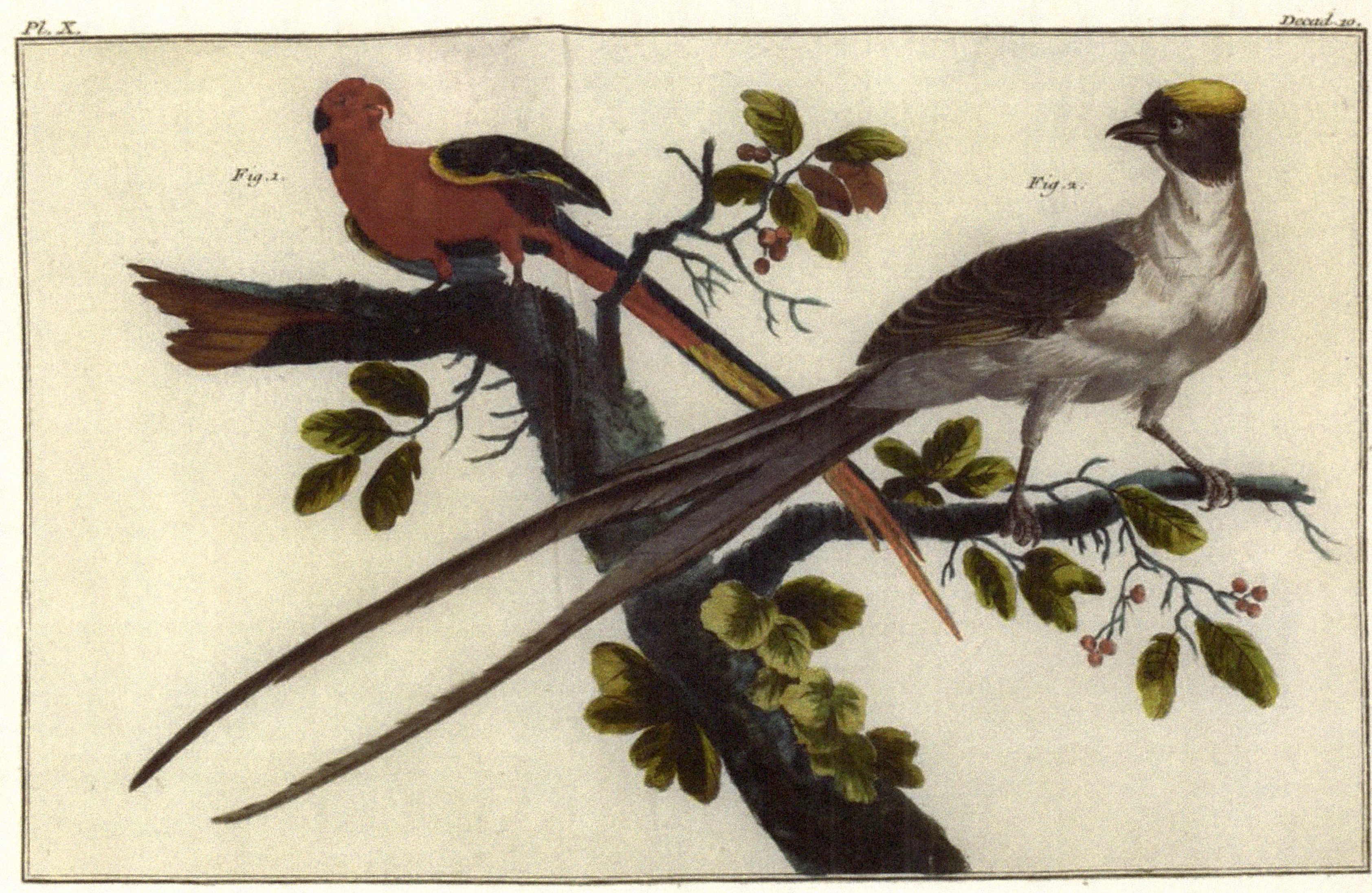

EXPLICATION DES PLANCHES
de la 10.e Decade.

PLANCHE I.

Fig.1. le Philander femelle. Fig.2. le Philander masle.

PLANCHE II.

Fig.1. Lory d'amboine. Fig.2. Lory des Moluques, tous les deux reduits aux deux tiers.

PLANCHE III.

Fig.1. Œuf d'Autruche d'Amerique. Fig.2. Œuf de Casoar. Fig.3. Œuf d'Autruche des Indes Orientales.

PLANCHE IV.

Fig.1. Taupe de Canada. Fig.2. Taupe du pays. Fig.3. Taupe d'Angleterre panaché.

PLANCHE V.

Fig.1. Coucou brun et tacheté de Madagascar. Fig.2. le Curucui connu dans l'Isle de S.t Domingue sous le nom de Musicien.

PLANCHE VI

Fig.1. l'Olive. Fig.2. et 3. le Lepas à trou. Fig.4. la Pince de Chirurgien. Fig.5. la grande Pelerine. Fig.6. la Dentale. Fig.7. et 8. l'Oscabrion.

PLANCHE VII.

Fig.1. le Chat tigré. Fig.2. le Chat musqué. On observera au sujet de ce dernier que le Dessinateur s'est trompé pour la tête de cet animal elle doit ressembler à celle d'une Fouine, à l'egard de la couleur de son poil, elle doit etre en damier noir et blanc.

PLANCHE VIII.

Fig.1. la grande Veuve des grandes Indes, grandeur naturelle. Fig.2. la petite Veuve aussi de grandeur naturelle et des Indes.

PLANCHE IX.

Fig.1. Madrepore des grandes Indes à figure hexagone travaillé à jour. Fig.2. Madrepore rayonné des grandes Indes.

PLANCHE X.

Fig.1. la petite Peruche de l'Isle de Cythere, grandeur naturelle. Fig.2. le Gobe-mouche à longue queue de Cayenne

---

Nota 1.e Nous donnerons la description de ces animaux dans notre Hiſtoire generale et œconomique des trois regnes *voyés cet ouvrage qui est actuellement sous presse et dont notre histoire generale des vegetaux forme la 2.de partie, il paroit déja 12 Volumes de planches infolio et autant de discours de cette 2.de partie.*

Nota 2.e Nous donnerons à la fin de la 2.de partie de notre Collection des fleurs qui ſe cultivent tant dans les Jardins de la Chine que dans ceux de l'Europe, *une explication gravée des planches qui forment cette collection.*

Nota 3.e Cette ſuitte de Planches gravées et enluminées, *celle des* fleurs de la Chine et de l'Europe, *notre* Hiſtoire generale des Vegetaux *avec les planches, notre* Hiſtoire generale et œconomique des 3 regnes. *Ornée aussi de plusieurs planches, ne font ensemble qu'un seul et même ouvrage, ainsi qu'on en peut juger par le prospectus que nous avons publié et qui fait voir la chaine des differents etres et leur utilité, ce prospectus sert de preface à l'ensemble de ces differens ouvrages.*

Nota 4.e Nous commencerons incessamment à publier les Decades de la 2.de Centurie de nos planches enluminées il y en aura trois centuries pour la collection entiere, nous invitons tous les Curieux et amateurs qui auront des morceaux interessans dans leurs cabinets, de nous faire part des dessins, nous en ferons usage dans ce recueil avec toute la reconnoissance possible.

Nota 5.e Malgré les vicissitudes que nous essuyons journellement pour nos ouvrages, et le peu de protection qu'on nous accorde, nous ne cesserons cependant jamais de faire paroitre notre zele dans toutes les occasions qui se presenteront, nous braverons même les revers de la fortune et nous tacherons en Philosophe, mais en Philosophe chretien de nous elever au dessus d'elle.

Nota 6.e Tous nos ouvrages reunis formeront une Encyclopedie universelle d'histoire naturelle qui sera la plus grande, la plus complette, pour ne pas dire la seule qui ait paru jus qu'à present et quoi qu'en puissent dire nos adversaires nous osons leur porter le defi sans avoir même peur d'etre dementi, d'en faire autant, qu'ils badinent nos ouvrages et notre personne, qu'ils en disent même du mal, soit; mais qu'ils publient autant d'ouvrages interessan et curieux que nous, ils obligeront la Societé et ils se rendront du moins utils. Non verbis ſed rebus, *c'est même là le vray moyen d'entrer en lisse avec nous.*

Achevé d'imprimer en Angleterre
par Lightning Source UK

www.ingramcontent.com/pod-product-compliance
Ingram Content Group UK Ltd.
Pitfield, Milton Keynes, MK11 3LW, UK
UKHW062008290726
14090UKWH00022B/1460